CRISTO
NOSSA PÁSCOA

FRANÇOIS-XAVIER DURRWELL

CRISTO
NOSSA PÁSCOA

EDITORA
SANTUÁRIO

COPIDESQUE: Ana Lúcia de Castro Leite
DIAGRAMAÇÃO: Alex Luis Siqueira Santos
CAPA: Márcio Mathídios

Título original: *Christ Notre Pâque*
© Nouvelle Cité, Montrouge, 2001
ISBN 2-85313-387-7

Tradução de Ubenai Fleuri

Dados Internacionais de Catalogação na Publicação (CIP)
(Câmara Brasileira do Livro, SP, Brasil)

Durrwell, François-Xavier
 Cristo, nossa Páscoa / François-Xavier Durrwell [tradução de Ubenai Fleuri]. – Aparecida, SP: Editora Santuário, 2006.

 Título original: Christ notre pâque.
 Bibliografia.
 ISBN 85-369-0038-5

 1. Jesus Cristo – Ressurreição 2. Páscoa I. Título.

05-9020
CDD-232.5

Índices para catálogo sistemático:
1. Jesus Cristo: Ressurreição: Doutrina cristã
232.5

2ª impressão

Todos os direitos em língua portuguesa
reservados à **EDITORA SANTUÁRIO** — 2022

Rua Pe. Claro Monteiro, 342 – 12570-000 – Aparecida-SP
Tel.: 12 3104-2000 – Televendas: 0800 - 0 16 00 04
www.editorasantuario.com.br
vendas@editorasantuario.com.br

O pecado é sempre uma contradição à ressurreição de Jesus, qualquer que seja a transgressão cometida pelo homem. Todos os erros ou deficiências, que podem ser deplorados em teologia, são devidos, pelo menos em parte, à falta de, ou à pouca atenção que se presta à ressurreição de Jesus. No pensar cristão, assim como na vida, é sempre determinante o relacionamento com a ressurreição.

Páscoa do ano 2000

PREFÁCIO

Nasci em uma região onde, ao contrário do restante da França, a Sexta-feira Santa é um dia de guarda. De manhã, os sinos das igrejas protestantes põem-se a repicar, é celebrada a santa ceia, "a morte do Senhor é anunciada" (cf. 1Cor 11,26), e é proclamada a remissão dos pecados. Silenciosos, os sinos católicos ficam na expectativa de que irrompa a alegria do *Gloria in excelsis Deo* da vigília pascal.[1] Duas teologias estão sendo proclamadas por sobre os telhados da aldeia: a da salvação adquirida ao preço da morte de Cristo, e a da salvação realizada em Cristo por sua morte e sua ressurreição.

Fiz meus estudos de teologia no seminário e em faculdades católicas, até o ano de 1940. Nunca me foi ensinada a teologia que supõe a liturgia da vigília pascal. Jamais havia escutado a expressão "mistério pascal". O ensino recebido em nada, ou em muito pouco, distinguia-se daquele das igrejas surgidas da Reforma.

Somente mais tarde me dei conta de o quanto meu curso de teologia estava marcado pela descontinuidade. Não havia um elo entre as grandes disciplinas: dogmática, moral, espiritualidade e direito da Igreja. No estudo da dogmática, reinava grande autonomia entre os tratados. Começava-se pelo *De Deo uno*, seguido por *De Deo trino*, uma vez que a unidade de Deus repousa sobre o mistério de sua

---

[1] Esse era o costume até há pouco tempo e, ainda hoje, mais ou menos respeitado.

Trindade. Em cristologia, a segunda parte, *De Christo Redemptore*, não se ligava à primeira, *De Verbo Incarnato*, a não ser por esta exigência: para que lhe fosse possível pagar o preço infinito da redenção, era necessário que Jesus fosse um homem-Deus. Não era considerado importante que ele fosse o homem-Filho de Deus. Na teologia dos sacramentos, tornava-se difícil perceber, por exemplo, a unidade entre eucaristia sacramento de presença e sacramento do sacrifício. E era mais ou menos assim em todo o curso. Havia sido retirada a pedra angular da admirável catedral do mistério revelado, onde todos os elementos formam um conjunto, no qual cada peça adquire seu significado por sua integração ao todo. O que resta de um edifício cuja pedra angular foi retirada? As pedras esparsas podem conservar sua beleza singular, mas é apenas no conjunto que cada uma delas pode desempenhar seu papel.

A abóbada, que é, ao mesmo tempo, o alicerce, é Cristo, o Filho de Deus que ressuscitou em sua morte. Ora, naquela época todo o peso da redenção era colocado exclusivamente sobre a morte. Da ressurreição aparecia apenas o valor apologético. Ela é a prova da fé, dessa fé pela qual o homem é justificado. Era ressaltado também o valor de exemplaridade: ressuscitado, Jesus é a imagem do homem justificado graças ao sangue da cruz. É nesses dois sentidos que era interpretada a afirmação: "... e foi ressuscitado para nossa justificação" (Rm 4,25). Não se levava em conta este outro texto: "E, se Cristo não ressuscitou, vazia é nossa pregação, vazia também é vossa fé... E, se Cristo não ressuscitou, ilusória é vossa fé; ainda estais em vossos pecados" (1Cor 15,14.17). Um reconhecido especialista em teologia da redenção, ainda em 1948, escrevia: "Tudo o que se pode dizer a respeito da ressurreição, da ascensão e dos sacramentos não passa de uma referência ao tema central".[2]

---

[2] J. Rivière, *Le Dogme de la rédemption dans la théologie contemporaine*, Albi, 1948, p. 167.

Aí pelo fim de meu curso seminarístico (1937), uma certeza se impôs a minha mente: a de que a ressurreição de Jesus faz parte, juntamente com sua morte, do mistério da redenção. Em uma manhã de fevereiro de 1940, finalmente compreendi aquilo de que já tinha certeza. Lendo Gl 4,1-6, conscientizei-me do substrato do texto, daquilo que estava escrito em transparência e que o presente trabalho tenta expor novamente: a redenção é o mistério pessoal de Jesus, seu drama de homem-Filho de Deus que, nascido na solidariedade com a humanidade pecadora, entrou, por sua morte, na plenitude da filiação. Jesus não somente mereceu a salvação para os homens, pagando o preço de seus sofrimentos: por sua morte e ressurreição, tornou-se a salvação do mundo, no qual os homens são convidados a entrar: "É fiel o Deus que vos chamou à comunhão com seu Filho Jesus Cristo, nosso Senhor" (1Cor 1,9).

Rapidamente e por si mesma a catedral reconstruiu-se diante de meus olhos, em toda a sua harmoniosa beleza. Se a salvação do mundo se realizou na morte e ressurreição, Jesus é, em pessoa, o mistério escatológico, o anunciado Reino de Deus. Para serem salvos, os homens, pela fé, entram em comunhão com ele, formando com ele um só corpo que é a Igreja; participam de sua morte e de sua ressurreição, para sua salvação e a do mundo. A vida cristã é uma celebração de comunhão com o Cristo em sua páscoa.[3] Os sacramentos alimentam essa vida de comunhão pascal. Toda a catedral se torna iluminada pelo mistério trinitário, revelado em Jesus, que o Pai gera para sua plenitude filial ressuscitando-o no poder do Espírito Santo.

Depois das aflições da guerra e dos anos difíceis do pós-guerra, pude, finalmente, publicar *A ressurreição de Jesus, mistério da salvação*

---

[3] N.T.: A língua francesa faz distinção entre *Pâques* e *pâque*. Essa é a páscoa judaica, festa anual que comemora o êxodo do Egito, ou o acontecimento concreto, particular. Ao passo que *Pâques* refere-se à Páscoa, festa cristã que comemora a ressurreição de Cristo, dentro do contexto do mistério salvífico. Procuraremos manter essa distinção pelo uso da maiúscula inicial.

"... ressuscitando a Jesus. Assim como está escrito nos Salmos: 'Tu és meu filho, eu hoje te gerei'" (At 13,33) – e gera, ao mesmo tempo, "a Igreja que é seu corpo" (Ef 1,23). Ela é "ressuscitada com, vivificada com",[2] ele que é a ressurreição dos mortos, o Senhor do último dia. Assim, a Igreja tem seu início a partir de seu futuro, para o qual ela é vocacionada: "É fiel o Deus que vos chamou à comunhão com seu Filho Jesus Cristo, nosso Senhor" em seu Dia (1Cor 1,9). Jesus ressuscitado é o alfa e o ômega: "Pelo poder de sua ressurreição" (Fl 3,10), a Igreja vive um contínuo apelo à ressurreição (1Cor 1,9).

Tudo começa quando Jesus ressuscita. "Ele ressuscitou", foi a proclamação da Igreja em seu nascimento. A fé despertou-se no dia de Páscoa, no encontro com o Ressuscitado. E até hoje, em nossos dias, ela se ilumina nesse reencontro. É verdade que Simão-Pedro já havia começado a acreditar na messianidade de Jesus: "Tu és o Messias!" (Mc 8,29). Mas ele não aceitou a morte de Jesus (Mc 8,32), sua fé não era ainda verdadeiramente cristã. Em seguida, essa fé em Jesus desfez-se de vez: "Nós esperávamos", dizem os discípulos de Emaús (Lc 24,21). "Pois, ainda não haviam compreendido que, segundo a Escritura, ele devia ressuscitar dos mortos" (Jo 20,9). Mas, após a ressurreição, Pedro proclama a messianidade de Jesus em sua verdade: "Deus constituiu Senhor e Cristo, a esse Jesus que vós crucificastes" (At 2,36). Daí em diante, tendo encontrado Jesus ressuscitado, ele podia incluir a morte em sua fé messiânica, pois se tornara cristão.

As primeiras comunidades elaboraram breves fórmulas que resumiam sua fé. Conhecemos vários desses símbolos da fé.[3] Eles são mais antigos do que os escritos do Novo Testamento, sendo até que este os integrou em seu texto. No ano 51, São Paulo escreveu: "Se cremos (assim ele expressa o símbolo da fé) que Jesus morreu e ressuscitou" (1Ts

---

[2] Ef 2,5; Cl 2,12; 3,1-3.
[3] Mais tarde esses símbolos da fé serão desenvolvidos e serão transformados em "símbolos dos apóstolos", depois daquele que é conhecido também como de Niceia.

4,14).⁴ Em outro texto, pré-paulino ele também,⁵ o Apóstolo assim resume o conteúdo da fé: "O Evangelho de Deus... que diz respeito a seu Filho, nascido da estirpe de Davi segundo a carne, estabelecido Filho de Deus com poder por sua ressurreição dos mortos, segundo o Espírito de santidade" (Rm 1,3s.). Aqui, como também em At 13,32s., o Evangelho é aquele do Cristo ressuscitado, a morte não é nem mesmo citada, sua proclamação está contida na proclamação do Cristo ressuscitado, que resume todo o mistério da salvação.

O testemunho "Jesus é o Senhor!" (Fl 2,11) faz parte de fórmulas já consagradas. Ora, Jesus tornou-se Senhor e foi reconhecido como tal depois de sua ressurreição: "Porque, se confessares com tua boca que Jesus é Senhor e creres em teu coração que Deus o ressuscitou dentre os mortos, serás salvo" (Rm 10,9). Foi no poder do Espírito Santo que Jesus foi ressuscitado (Rm 8,11); e é no poder desse mesmo Espírito que o cristão proclama sua fé: "... ninguém pode dizer 'Jesus é Senhor' a não ser no Espírito Santo" (1Cor 12,3). É pelo poder da ressurreição que o fiel crê no Ressuscitado.

Os Apóstolos são enviados pelo Ressuscitado e pregam com a força na qual Jesus foi ressuscitado: "Toda autoridade sobre o céu e a terra me foi entregue. Ide, portanto!" (Mt 28,18s.). O poder que os envia suscita neles a fé que testemunham: "Acreditei, por isto falei" (2Cor 4,13). A respeito do que eles falam? Paulo conservou um resumo da pregação, como ele mesmo a recebera nos exórdios de sua vida cristã: "Transmiti-vos, em primeiro lugar, aquilo que eu mesmo recebi: Cristo morreu por nossos pecados, segundo as Escrituras. Foi sepultado, ressuscitou ao terceiro dia, segundo as Escrituras. Apareceu a Cefas, e depois aos doze" (1Cor 15,3-5).

---

⁴ Os exegetas estão de acordo em dizer que essa fórmula é pré-paulina. Algumas traduções escrevem "ele se levantou", reportando-se ao aramaico. Jesus "ressuscitou" é o vocabulário de São Paulo.

⁵ Com exceção de "com poder", o palavreado de Rm 1,3s. não é paulino e se relaciona mais com as comunidades judeu-cristãs.

"Cristo morreu por nossos pecados."[6] A morte redentora faz parte da pregação primitiva, sua importância é capital. Contudo, isolada, sem se relacionar com a ressurreição, ela seria, no dizer de Paulo, vazia de seu sentido salvífico: "E se Cristo não ressuscitou, ilusória é vossa fé; ainda estais em vossos pecados" (1Cor 15,17). Sua morte, sem referência à ressurreição, seria exatamente como a desejavam os chefes dos sacerdotes: sua exclusão do povo e da história. Ninguém mais falaria dele. Ao contrário, a ressurreição pode ser proclamada por seu próprio significado.[7] "Sereis, então, minhas testemunhas" (At 1,8), "Testemunha de sua ressurreição" (At 1,22). O Evangelho de Deus é aquele do "Filho, nascido da descendência de Davi, segundo a carne, estabelecido Filho de Deus com poder por sua ressurreição dos mortos" (Rm 1,3-4). A ressurreição supõe a morte, revela e ratifica seu sentido de redenção. Paulo solenemente afirma só querer anunciar "Cristo crucificado" (1Cor 1,23); esse Cristo, segundo ele, é o "Senhor da glória" (1Cor 2,8), marcado para sempre pela cruz, cujo poder poderia parecer fraqueza, e cuja sabedoria, loucura aos olhos dos homens (1Cor 1,17-25):[8] o Cristo crucificado, pregado por Paulo, é o Cristo da glória, consagração obtida em sua morte.

O simbolismo joanino faz a síntese da morte e da ressurreição: a elevação na cruz é uma elevação acima da terra, até atingir o seio de Deus. Elevado pela cruz à glória, Jesus pode atrair a si todos os homens (Jo 12,32) e vivificá-los (Jo 17,1-3). É o termo pretendido que dá sentido a um movimento, e assim ele se torna o primeiro.

Fonte da fé e centro da pregação, Jesus ressuscitado é o fundamento permanente da existência cristã: "Vós sois em Cristo" (1Cor 1,30). A fórmula paulina "em Cristo" designa sempre o Cristo da gló-

---

[6] Cf. Rm 4,25; 1Cor 1,23; 2,2; 15,3.
[7] At 13,33; Rm 1,1-4; 1Cor 12,3.
[8] Na pregação primitiva, Cristo é um título de glória (cf. At 2,36). Paulo prega "um Cristo crucificado", um Senhor da glória crucificado.

ria: "Cristo vive em mim" (Gl 2,20). Se o fiel comunga também com sua morte, é porque foi "batizado em Cristo" (Rm 6,3s.), este mesmo Cristo de hoje, que ressuscitou na morte. Morrer com ele é uma graça recebida na comunhão com o Cristo, em sua ressurreição, da mesma maneira que a remissão dos pecados é concedida na comunhão com o Cristo "ressuscitado para nossa justificação" (Rm 4,25).

A Igreja nasce na ressurreição de Jesus porque o Cristo, pelo qual ela vive, também ele nasce em sua páscoa. O paradoxo de um fim onde tudo tem seu começo aplica-se, em primeiro lugar, ao próprio Jesus. Lê-se nos Atos dos Apóstolos, 13,32s.: "E nós vos anunciamos a boa nova: Deus cumpriu para nós, os filhos, a promessa feita a nossos pais, ressuscitando a Jesus. Assim como está escrito nos Salmos: 'Tu és meu filho, eu hoje te gerei'". A origem de um homem são seus pais e seu nascimento. Jesus foi gerado por Deus que o ressuscitou em sua morte. É nesse instante que ele nasce, num eterno hoje. Deus o ressuscita no Espírito Santo (Rm 8,11), ele o gera neste poder: "Estabelecido Filho de Deus com poder por sua ressurreição dos mortos, segundo o Espírito de santidade" (Rm 1,4). Em sua ressurreição, Jesus nasce Filho de Deus no Espírito Santo.

O nascimento terrestre precede no tempo. Jesus já é, desde então, o Filho no Espírito Santo: "O Espírito Santo virá sobre ti, e o poder do Altíssimo vai te cobrir com sua sombra, por isso o *Santo que nascer será chamado* Filho de Deus" (Lc 1,35). Mas os evangelhos da infância não foram escritos somente à luz da Páscoa, o acontecimento relembrado fazia parte também do mistério próprio à páscoa de Jesus, constituía uma réplica antecipada do nascimento em plenitude, segundo o Espírito Santo. Em sua chegada à terra, preparava-se o mistério que iria surgir, semelhante à aurora, cuja luz é a do sol, embora ainda escondido por detrás do horizonte. Os anos terrestres de Jesus apontavam para o começo, atraídos para o nascimento pleno.

Páscoa é um nascimento, e também um mistério de morte, um mistério único com dois aspectos. Inclusive, a própria existência terrestre de Jesus já exibia essa dupla face. Ele entrou neste mundo tanto como Filho de Deus na santidade do Espírito (Lc 1,35), como também um servidor votado à morte de cruz: "Ele tinha a condição divina, e não considerou o ser igual a Deus como algo a que se apegar ciosamente. Mas esvaziou-se a si mesmo, e assumiu a condição de servo, tomando a semelhança humana" (Fl 2,6-7). A condição servil ele a viveu na obediência, filialmente, portanto: "Por isso, ao entrar no mundo, ele afirmou: 'Eis-me aqui... eu vim, ó Deus, para fazer tua vontade'" (Hb 10,5s.). A descida às profundezas da condição servil – "e foi obediente até a morte, e morte de cruz!" (Fl 2,8) – foi também o contrário de uma descida. Jesus mostrou-se obediente ao Pai; sua humilhação valeu-lhe a acolhida na glória. São João vê sua extrema humilhação como uma exaltação acima de toda a terra (Jo 12,32).

Pode-se arriscar dizer que nesse duplo movimento, não alternado, mas simultâneo, é a subida, a glorificação que vem em primeiro lugar, e que, de uma maneira qualquer, ela é precedente, pois é obra de Deus em sua paternidade, sendo a geração o começo do mistério de Jesus. Toda a ação do Pai com relação a seu Filho se completa na ressurreição, que é a geração divina do Cristo em sua plenitude filial: "Deus cumpriu para nós, os filhos, a promessa feita a nossos pais, ressuscitando a Jesus. Assim como está escrito nos Salmos: 'Tu és meu filho, eu hoje te gerei'" (At 13,33).

A morte é filial, é pascal, ela é a passagem do mundo para o Pai, é salvífica, em primeiro lugar pelo Pai que, por meio da vida e da morte gera Jesus, possibilitando-lhe o obedecer, o consentir, o morrer para ele. Ele o atrai para seu seio e o faz nascer ao morrer para o Pai. A morte adquire sentido pela ação glorificadora, isto é, "filializante" do Pai. Essa é a ação primordial. Para a teologia, ela deve ser o ponto de partida para toda reflexão.

A fé cristã não tardou em colocar o Cristo nas origens do mundo. Esse Cristo da glória, no qual Deus faz habitar a plenitude da divindade.[9] João escreve: "No princípio, ele estava com Deus. Tudo foi feito por meio dele" (Jo 1,2s.). Trata-se, aqui, do Cristo, o homem Filho de Deus, ou do Filho considerado fora do mistério da encarnação? A discussão é livre. De qualquer modo, é da boca de Jesus, assim como aparece no Evangelho de João, que muitas vezes se ouvem as palavras: "Eu Sou"; "Antes que Abraão nascesse, Eu Sou" (Jo 8,58). Ele é aquele de quem "Abraão, vosso pai, exultou por ver o Dia. Ele o viu e encheu-se de alegria!" (Jo 8,56). É o Cristo que, em Ap 19,13, recebe o nome de Verbo de Deus, que é "o princípio de toda a criação",[10] "alfa e ômega" das obras divinas.[11] É a seu respeito que Paulo afirma: "Para nós, contudo, existe um só Deus, o Pai, de quem tudo procede e para quem nós somos, e um só Senhor, Jesus Cristo, por quem tudo existe e por quem nós somos" (1Cor 8,6). É também a respeito desse Cristo, imagem visível de Deus, que Paulo igualmente afirma: "Porque nele foram criadas todas as coisas... tudo foi criado por ele e para ele. Ele é antes de tudo e tudo nele subsiste" (Cl 1,16s.).

Afirmar a primazia cósmica do Cristo da glória, dizer que ele existe antes de tudo e que nele tudo subsiste, nada disso contradiz o fato de que Jesus viveu em uma época da história, no tempo dos imperadores Augusto e Tibério. Pois, trata-se de Jesus em sua glória, daquele no qual "habita corporalmente toda a plenitude da divindade" (Cl 2,9). Se toda a plenitude do ser, da vida e da graça nele habita, tudo o que participa do ser, da vida e da graça, dele depende e dele promana. O Cristo da glória, em verdade, situa-se no começo de tudo.[12]

Essas considerações preliminares, com certeza, possuem uma utilidade. Elas fazem sobressair a importância da ressurreição em face de teologias outrora dominantes, ainda não inteiramente ultrapassadas,

---

[9] Cl 1,19; 2,9.
[10] Ap 3,14; 21,6; 22,3.
[11] Ap 21,6; 22,13.
[12] O capítulo IX tratará mais longamente dessa primazia de Cristo.

que alicerçam a redenção unicamente sobre a paixão de Cristo. Elas mostram que a morte encontra sua verdade salvífica em sua relação com a glória.

Resulta delas, também, que o Cristo Jesus adquiriu a salvação não apenas por um ato do passado; glorificado pela morte, ele se tornou a salvação em pessoa e para sempre: "e, levado à perfeição, (glorificado), tornou-se para todos os que lhe obedecem princípio de salvação eterna" (Hb 5,9).

Porque o Cristo glorificado na morte é, em pessoa, a salvação, o teólogo é convidado a pensar de um modo diferente daquele onde o que está em questão é um preço pago pelo Cristo, a fim de reparar o pecado, de méritos por ele adquiridos e revertidos em favor dos homens. Falar-se-á, de preferência, a respeito de um Jesus em sua relação filial com Deus, seu Pai, de sua entrada na comunhão total com ele, quando o Pai declara: "Tu és meu filho, eu hoje te gerei". Em vez de aplicação dos merecimentos de Cristo, falar-se-á de comunhão com ele em sua páscoa, onde ele se torna a salvação. O pensamento será, então, de molde personalista, e não jurídico, como o foi em teologias que prevaleceram por muito tempo.

O que se imposta não é somente um modo de pensar, é outro ponto de partida que é proposto pela reflexão teológica, um novo caminho é traçado. Para as assim chamadas teologias jurídicas, o pecado a ser reparado constitui-se como o ponto de partida, e o caminho termina na morte de Jesus. O verdadeiro ponto de partida está no próprio mistério da ressurreição, e é aí também que o caminho termina. Tudo tem seu início no mistério, pois a ressurreição é obra do Pai; ora, a paternidade de Deus está no começo de tudo. A ressurreição é um ato de amor, o ato da eterna geração do Filho, segundo a plenitude do Espírito Santo. Esse amor é infinito. Infinito, ele é de uma gratuidade absoluta. Gratuito, ele precede toda ideia de pecado a ser reparado, de justiça a ser previamente satisfeita. O amor infinito é sua própria motivação: "Pois Deus amou tanto o mundo que entregou seu Filho único" (Jo 3,16). "Pois era Deus que em Cristo reconciliava o mundo consigo, não imputando aos homens suas faltas" (2Cor 5,19). Para salvar os homens pecadores, com os quais se solidarizara, Jesus nada possuía para dar ao Pai, que Ele já não possuísse: em sua morte, ele mergulhou, em favor dos homens, no amor infinito do Pai, que gera seu Filho no Espírito Santo. É assim que ele "tira o pecado do mundo".

Estas considerações liminares e suas conclusões podem parecer desconexas e precipitadas. Os capítulos seguintes procurarão precisá-las e confirmá-las.

II
SENHOR-MESSIAS, FILHO DE DEUS

"Jesus ressuscitou." Esse grito do primeiro dia foi uma explosão de alegria, e também uma profissão de fé. Os discípulos proclamam que Jesus é o Messias: "Saiba, portanto, toda a casa de Israel, com certeza: Deus constituiu Senhor e Cristo, a esse Jesus que vós crucificastes" (At 2,36).

O Messias-Senhor

Ao ressuscitar Jesus, Deus introduziu-o na soberania messiânica. Os discípulos haviam começado a acreditar na messianidade de Jesus, ainda antes de sua morte. Atônitos diante de sua autoridade, eles se interrogavam: "Não seria ele o Cristo?"[1] Pedro havia proclamado: "Tu és o Messias" (Mc 8,29). Jesus é, desde então o "ungido com o Espírito Santo e com poder" (At 10,38). Mas Pedro desconhece ainda o caráter celestial da unção messiânica (Mc 8,31-33). No dia de sua entrada em Jerusalém, Jesus reivindica, parece que pela primeira vez, o título de Senhor: "Ide à aldeia que está a vossa frente. Entrando nela, encontrareis imediatamente um jumentinho amarrado, que

---
[1] Cf. Jo 4,29; 7,40.

ninguém montou ainda. Soltai-o e trazei-o. E se alguém vos disser: 'Por que fazeis isso?' Dizei: O Senhor precisa dele'" (Mc 11,2s.). O próprio Deus havia preparado as honras desse dia.[2] antecipando em uma semana a entrada na glória messiânica. Mas, esse triunfo ainda foi modesto, conforme a profecia: "Dizei à Filha de Sião: Eis que teu rei vem a ti, manso e montado em um jumento".[3] O Messias de Deus é humilde. A unção suprema lhe será concedida na morte: "Nós, porém, anunciamos Cristo (Messias) crucificado" (1Cor 1,23). Na Bíblia, "Senhor" é o título de Deus, por seu poder universal. Os judeus atribuíam-no também ao representante de Deus sobre a terra, o Messias-Rei. O Salmo real 110 recebeu uma interpretação messiânica: "O Senhor (Deus) disse a meu Senhor (o rei): 'Senta-te a minha direita'" (Mc 12,35). Jesus, pela ressurreição, foi estabelecido no senhorio messiânico (At 2,36). Daí em diante os discípulos lhe atribuem o título de Senhor: "Porque, se confessares com tua boca que Jesus é o Senhor e creres em teu coração que Deus o ressuscitou dentre os mortos, serás salvo" (Rm 10,9). Eles atribuem esse título a Jesus no mesmo sentido que o atribuem a Deus: àquele que se tornou obediente até à morte de cruz, "Deus o agraciou com o Nome que está sobre todo nome... para que *toda língua confesse*: Jesus é o Senhor" (Fl 2,8.11). Ao se ver frente a frente com o ressuscitado, Tiago confessa: "Meu Senhor e meu Deus!", (Jo 20,28). As esperanças messiânicas, referentes a esta terra, morreram na morte de Jesus, o título de Senhor, em sua significação terrestre e limitada, perdeu seu sentido, Jesus o Messias reina "sentado à direita do Poderoso", no exercício da soberania universal.[4] Somente ele é o Senhor: "Para nós existe um só... Senhor Jesus Cristo, por quem tudo existe e por quem nós somos" (1Cor 8,6).

---

[2] Cf. Mt 21,16; Lc 19,40.
[3] Mt 21,5; cf. Zc 9,9.
[4] Mt 26,64; Ef 1,20; Hb 1,3; cf. 1Cor 15,25.

Todo o poder de Deus foi, portanto, investido na ação de ressuscitar, operada pelo Pai em favor do homem Jesus. São Paulo nos explica qual seja esse poder: "E se o Espírito daquele que ressuscitou Jesus dentre os mortos habita em vós, aquele que ressuscitou Cristo Jesus dentre os mortos dará vida também a vossos corpos mortais, mediante o Espírito que habita em vós" (Rm 8,11). Ressuscitado, Jesus "foi estabelecido Filho de Deus com poder... segundo o Espírito de santidade" (Rm 1,4). Ora, o Espírito Santo é o poder supremo de Deus em sua ação.

Por outro lado, Paulo contenta-se em afirmar: "Por certo, foi crucificado em fraqueza, mas está vivo pelo poder de Deus".[5] Mas todo leitor da Bíblia sabe que o Espírito Santo é o poder de Deus. Espírito e poder são dois termos correlatos. Entre tantos outros textos, bastará citar os seguintes: "O Espírito Santo virá sobre ti, e o poder do altíssimo vai te cobrir" (Lc 1,36); "O Espírito Santo descerá sobre vós e dele recebereis força" (At 1,8); "Porque nosso evangelho vos foi pregado não somente com palavra, mas com grande eficácia, no Espírito Santo, e com toda a convicção" (1Ts 1,5). Deus, por meio do Espírito Santo, opera todas essas obras. A criação foi por meio dele: "Envia teu sopro e eles são criados".[6] É por meio dele que conduz a criação a seu termo, na ressurreição dos mortos (Rm 8,11). É também por meio do Espírito que ele realiza sua obra mais poderosa, a ressurreição de Jesus.

Paulo diz ainda "Cristo foi ressuscitado dentre os mortos pela glória do Pai" (Rm 6,4). Glória e poder são realidades correspondentes.[7] A glória é o esplendor de Deus em suas obras externas, a visibilidade de sua santidade todo-poderosa: "Santo, Santo, Santo é Iahweh dos Exércitos, sua glória enche toda a terra" (Is 6,3). O homem é tomado de espanto diante da glória de Deus: "Depois de amanhã Iahweh des-

---

[5] 2Cor 13,4; cf. Ef 1,18-22; Cl 2,12.
[6] Sl 104,30; cf. Gn 1,2; Jó 34,14s.
[7] Ap 1,6; 4,11; 5,12s.; 15,8; 19,1.

cerá aos olhos de todo o povo" (Êx 19,11); "Se creres, verás a glória de Deus!" (Jo 11,40); São Paulo fala ainda de certa "eficaz energia segundo o poder de sua glória" (Cl 1,11). Ora, o Espírito é a santidade divina no esplendor de suas manifestações. Isaías, em 63,10-14, esboça uma aproximação entre o Espírito Santo e a nuvem densa de luminosidade a que se denominava "a glória de Deus", sinal da presença todo-poderosa do Deus santo. O Novo Testamento identifica espírito e glória: "o Espírito de glória, o Espírito de Deus".[8]

As três afirmações são convergentes: ressuscitado pelo Espírito, vivificado pelo poder, ressuscitado pela glória. Um dia, os fiéis ressuscitarão, também eles, pelo Espírito (Rm 8,11), transformados na glória e no poder, tornando-se, assim, "corpos espirituais" (1Cor 15,43s.). O poder que operou na ressurreição de Jesus é ilimitado. O autor da carta aos Efésios esgota as possibilidades de seu vocabulário para descrever "qual é a extraordinária grandeza de seu poder para nós, os que cremos, conforme a ação de seu poder eficaz, que ele fez operar em Cristo, ressuscitando-o dentre os mortos" (Ef 1,19-20). É o que se chama de "ressurreição dos mortos" (Rm 1,4).[9] O poder supremo do último dia desdobra-se inteiramente na glorificação de Jesus. Segundo a carta aos filipenses, 3,10.21, "o poder de sua ressurreição" é o mesmo que ressuscitará todos os mortos. O triunfo do último dia, quando "todo joelho se dobrará... e toda língua proclamará: 'Jesus Cristo é o Senhor!'", é a resposta a sua obediência até a morte (Fl 2,8-11), é o impacto no mundo do poder da ressurreição: Jesus foi possuído pelo Espírito Santo a ponto de se tornar "espírito vivificante" (1Cor 15,45); pelo poder, que é o Espírito, a ponto de se tornar "o Senhor da glória" (1Cor 2,8). O poder de Deus não tem limites, mas parece que ele nada pode operar maior do que a ressurreição de Jesus. Nela o poder se empenhou com grandeza ilimitada; "toda a plenitude da

---

[8] 1Pd 4,14; cf. 2Cor 3,18.
[9] Cf. p. 11, nota 1.

divindade (habita) em forma corporal" (Cl 2,9) no Cristo da glória. Jesus ressuscitou e é, de fato, um mistério insondável. O Espírito Santo, que é a intimidade de Deus, arrastou-o para essa profundidade, "espiritualizou-o" (cf. 1Cor 15,45), e, de acordo com o modo de ser de Deus, "divinizou-o".[10] A encarnação inaugurada desde as origens do mundo, no poder do Espírito Santo (Lc 1,35), e desde então real, desdobra-se, em toda a sua grandeza, mediante a morte.

É preciso não se enganar a respeito da natureza do poder de que dispõe esse Senhor. Pois seu poder é de uma outra ordem, contrária mesmo ao poder absoluto de que poderia se valer um homem, neste mundo: "Nós pregamos Cristo crucificado... poder e sabedoria de Deus" (1Cor 1,23s.). "Cristo" é um título de glória, mas "o Senhor da glória" (1Cor 2,8) foi crucificado. O leão vencedor, cantado em hinos triunfais, é também o cordeiro imolado (Ap 5,5s.). Tornado obediente até a morte, o poder morreu para reivindicar a grandeza do homem. O Espírito Santo da ressurreição é amor (Rm 5,5). O amor verdadeiro é humilde, de uma humildade que confunde. O despojamento (*Kénosis*), próprio da encarnação em sua origem (Fl 2,6), não foi anulado pela morte, foi glorificado. O nome que está acima de todo nome não foi conquistado por Jesus, ele lhe foi "concedido"[11] por sua obediência, isto é, sua submissão filial. Jesus deixa-se divinamente gerar em sua morte, seu senhorio é filial, "para a glória de Deus Pai" (Fl 2,11).

O Filho

Senhor é, antes de tudo, um título funcional, mas a palavra Filho exprime, em primeiro lugar, uma relação. Para afirmar sua identidade, Jesus se chama de o Filho: "Ninguém conhece o Pai senão o Filho"

---

[10] Quanto a essa divinização, ver adiante, p. 29.
[11] Fl 2,10: Deus "glorificou" Jesus, dando-lhe um nome soberano. Tudo é gratuidade no mistério da redenção, até o dom da glória merecida por Jesus. Seu mérito consistiu em acolher o dom de Deus.

(Mt 11,27 par.). E ainda: "Daquele dia e da hora ninguém sabe, nem os anjos no céu, nem o Filho, somente o Pai" (Mc 13,32). A verdade de Deus está em sua paternidade: "Eu lhes dei a conhecer teu nome" (Jo 17,26), teu nome de Pai. A verdade de Jesus vem de sua filiação. O mistério pascal é o ápice da filiação divina. Em Romanos, 1,3s., Paulo distingue duas fases na existência de Jesus. Uma se integra à história de Israel. A outra é de ordem escatológica e universal: "O Evangelho de Deus... que diz respeito a seu Filho, nascido da estirpe de Davi segundo a carne, estabelecido Filho de Deus com poder por sua ressurreição dos mortos, segundo o Espírito de santidade" (Rm 1,1s.). Ele foi estabelecido Filho de Deus, quer dizer, de algum modo foi isso que ele se tornou. Não que não o fosse anteriormente, e só depois é que foi adotado. O texto detalha: "Constituído Filho de Deus, com poder... segundo o Espírito de santidade";[12] ele, sobre a terra, já era Filho de Deus, mas na fraqueza. A filiação divina, desde então real, figura no começo da frase: "O Evangelho... que diz respeito a seu Filho, nascido da estirpe de Davi segundo a carne..." A filiação divina prenuncia o futuro de Jesus, desde o começo já lhe era própria. Agora, o futuro é real: "Constituído – e não apenas revelado – Filho de Deus". A ressurreição constituiu Jesus na verdade gloriosa, todo-poderosa de sua filiação.

Segundo Atos, 13,33, ela é uma geração divina: "Ressuscitando Jesus, como está escrito no segundo salmo: 'Tu és meu Filho, eu hoje te gerei'".[13] A ação ressuscitante de Deus é paternal, Deus gera, Jesus nasce, Jesus ressuscita Filho de Deus.

---

[12] Nessa fórmula pré-paulina, estranha ao vocabulário do Apóstolo, o inciso "com poder" está de acordo com a linguagem paulina. Ele pode ter sido inserido por Paulo, para descartar a ideia de uma adoção filial na ressurreição.

[13] O verbo no presente, e não no passado (eu te gerei), é mais conforme ao texto hebraico. E também à natureza desse salmo de entronização: o rei é entronizado hoje, significando ser gerado por Deus no dia da entronização.

O salmo segundo celebra a entronização de um rei. Na nação teocrática de Israel, Deus unge o rei adotando-o como seu filho. Deus havia prometido à descendência de Davi: "Eu confirmarei para sempre seu trono real. Eu serei para ele um pai, e ele será meu filho".[14] Os títulos messias-rei e filho de Deus podiam ser utilizados como sinônimos. Jesus foi reconhecido como Filho de Deus em um sentido messiânico. Ele mesmo, contudo, teve de se esforçar para fazer compreender que o Messias não é o Senhor como simples filho de Davi (Mc 12,35-37). É de outro modo que ele é o Filho de Deus. Ele invoca a Deus dizendo: "Abba!"; ele lhe dá esse nome de intimidade infantil e de ternura que nenhum judeu, ao que parece, atribuiria a Deus. Ele se declara o "Filho", o único: "Ninguém conhece o Filho senão o Pai, e ninguém conhece o Pai senão o Filho e aquele a quem o Filho quiser revelar" (Mt 11,27). Também a fé cristã entende o salmo 2,7 como filiação transcendente: "Pois a quem dentre os anjos disse Deus alguma vez: 'Tu és meu filho, eu hoje te gerei?'" (Hb 1,5; 5,5).

A ação pela qual Deus ressuscita Jesus é, ao mesmo tempo, uma verdadeira geração. O homem que morre nada mais é, a menos que Deus o assuma no instante de seu aniquilamento e o recomponha, atraindo-o a si. Jesus aceita morrer, consente em não existir mais senão para Deus, ao qual se entrega. Tendo se esvaziado a si mesmo, Deus o acolhe filialmente, recebe-o e ele é gerado de acordo com a plenitude divina que o Pai faz nele habitar corporalmente (cf. Cl 2,9). Ressuscitado na morte, agora só existe para o Pai, plenamente, divinamente gerado.

Pelo próprio fato de assim ter sido gerado, Deus o revela como Filho. O mistério filial é radiante, a palavra Filho torna-se como que uma auréola luminosa, quando pronunciada por Deus nas cristofanias, no batismo, sobre a montanha da transfiguração. Jesus a pronuncia na exultação do Espírito Santo (Lc 10,21s.). Segundo Paulo,

---

[14] 2Sm, 7,13s.; Sl 2,7; 89,27.

ela resplandece com a glória do último dia,[15] essa mesma glória que converteu o apóstolo "quando... aquele que me separou *desde o seio materno* e me *chamou* por sua graça, houve por bem revelar em mim seu Filho" (Gl 1,15s.). São João viu "sua glória, a glória do Unigênito do Pai" (Jo 1,14).

Jesus tornou-se plenamente aquilo que já era desde sua origem: o Filho nascido de Deus no Espírito Santo (Lc 1,35). Ele foi assumido, em toda a sua humanidade, no hoje do nascimento divino: "Eu hoje te gero". De agora em diante, ele não vive mais depois de sua ressurreição, ele se tornou eterno naquele instante em que o Pai o gerou no Espírito Santo. Nada lhe sobrevirá, nada será acrescentado à plenitude da divindade que nele habita (Cl 2,9), ao poder ilimitado da ressurreição. A ressurreição de Jesus é a ressurreição dos mortos, é o mistério escatológico.[16]

Esse último mistério é, para Jesus, o começo absoluto, sua origem fundamental está na geração pelo Pai. Os discípulos já o haviam reconhecido como o Messias-Filho de Deus, o descendente de Davi. Em seguida, compreenderam que ele é o Filho único; mas a messianidade é um aspecto secundário, que se fundamenta na filiação. Neste capítulo já se tratou da senhoria do Cristo, mas foi ao Filho que ela foi concedida (cf. Hb 1,5-8). Nós ainda veremos que somente como Filho ele é o salvador e, é como Filho, que ele manifesta sua solidariedade com a humanidade. E, ainda como Filho, ele é o mediador de toda a criação.[17] De acordo com Hb 5,5, somente ele é o verdadeiro Sumo Sacerdote, porque ele é o Filho. O mistério de Jesus reside em sua filiação; tudo começa em sua geração pelo Pai.

---

[15] 1Cor 1,9; 1Ts 1,10.

[16] Para Jesus não existe um amanhã depois da ressurreição, mesmo que se diga que ele apareceu pela manhã, e depois, na tarde de páscoa, ou no oitavo dia... Os discípulos viviam no tempo, Jesus se mostra a eles em seu tempo. É o mistério escatológico.

[17] Confira adiante os capítulos IV e IX.

Ressuscitando Jesus, Deus realiza sua paternidade no mundo e a revela também, ao realizá-la, porque, mais do que com palavras, a revelação de Deus se dá por suas obras. A declaração: "Quem me viu, viu o Pai" (Jo 14,9) verifica-se agora com todo o seu esplendor. A partir de então se fica sabendo que Deus é o Pai infinito de um Filho que ele gera no Espírito Santo. O que mais o caracteriza é ser "aquele que ressuscitou Jesus dentre os mortos" (Rm 8,11), ser o Pai. Seu nome é "o Pai". "Para nós, não há mais que um só Deus Pai" (1Cor 8,6). Os fiéis proclamam: "Bendito seja o Deus e Pai de nosso Senhor Jesus Cristo, que... nos gerou de novo pela ressurreição de Jesus Cristo dentre os mortos" (1Pd 1,3).[18] Em sua páscoa, Jesus se tornou a sarça ardente da última revelação. Na criação, Deus tornou-se aquilo que já é em si mesmo: o Pai que infinitamente gera um Filho.

Filho de Deus no Espírito Santo

É pelo Espírito Santo que Deus ressuscita Jesus. Nunca é demais repetir que essa é uma verdade essencial: ele foi "estabelecido Filho de Deus, com poder por sua ressurreição dos mortos, segundo o Espírito de santidade" (Rm 1,4). O mesmo é repetido por Paulo em Rm 8,11, onde ele fala do "Espírito daquele que ressuscitou Jesus dentre os mortos", e que "dará vida também a vossos corpos mortais, mediante o Espírito que habita em vós". Isso é afirmado quando Paulo atribui a ressurreição ao poder (2Cor 13,4), pois o Espírito é isso; quando ele a atribui à glória de Deus (Rm 6,4), pois o Espírito Santo é a glória divina (1Pd 4,14). Em sua ressurreição, Jesus é totalmente tomado pelo poder, a ponto de se tornar o Senhor (Fl 2,9-11); pela glória, a ponto de se tornar o Senhor da glória (1Cor 2,8); ele é transformado no Espírito Santo, a ponto de se tornar "espírito vivificante" (1Cor 15,45).

---

[18] Em o Novo Testamento a palavra Deus designa sempre o Pai, com pouquíssimas exceções que não chegam a contradizer a regra.

Ora, o Espírito Santo é o modo de ser de Deus. Ele é o "Espírito de santidade" (Rm 1,4), daquela santidade que, na Bíblia, significa a transcendência divina. Ele é "o Poder do Altíssimo" (Lc 1,35), o poder que propriamente caracteriza a divindade. Ele é a divindade superna que, para se comunicar, deve-se rebaixar. Ele desce sobre Maria (Lc 1,35); sobre Jesus, em forma de pomba (Mt 3,16); ele sobrevém do céu como um vento impetuoso (At 2,2). E porque foi concebido do Espírito Santo, Jesus é santo (Lc 1,35), vem do alto (Jo 8,23), de natureza divina, ele é o Santo de Deus (Jo 6,69). Em sua glória, "tornado espírito" (1Cor 15,45), ele foi plenamente "santificado" (Jo 17,19), "outrora homem segundo a carne, agora é Deus em plenitude".[19] Ressuscitado, Jesus é homem-Deus, na plenitude da força desse paradoxo. Paulo fala sobre o Espírito de Cristo (Rm 8,9), do Espírito do Filho (Gl 4,6), afirmando, assim, a divindade de Jesus, pois o Espírito de Deus é próprio somente de Deus. Seria absurdo denominá-lo Espírito de Cristo, se o Cristo não fosse Deus.

Contudo, não é suficiente que Jesus seja denominado homem--Deus, pois sua identidade precisa é ser homem-Filho de Deus. Filho de Deus no Espírito Santo. O mistério pascal é um mistério de filiação, ele se completa no Espírito do Filho, no qual Jesus se ofereceu ao Pai (Hb 9,14) e no qual ele foi ressuscitado pelo Pai (Rm 8,11).

O mistério que culmina na páscoa esteve presente, desde o nascimento, em sua vida sobre a terra, "tudo estava a serviço da ressurreição".[20] Dois evangelhos narram o nascimento terrestre, destacando a mensagem da filiação divina. Mateus fornece uma genealogia apoiada na citação de inúmeras gerações. "Um tal gera um tal, que gera outro tal, que etc." O verbo *gerar* é usado sempre em forma ativa mas, ao chegar ao fim, acontece uma brusca mudança, uma ruptura mesmo: o verbo assume a forma

---

[19] Santo AMBRÓSIO, *De excessu fratris sui Satyri*, 9, 1.*CCL* 73,299. Jesus, totalmente divinizado, mesmo assim não deixa de ser homem. O contexto de Ambrósio é claro.

[20] AGOSTINHO, *Sermo Guelferb* XII, Ed. Morin I, p. 479: *Totum hoc resurrectioni militabat.*

passiva: "Jacó gerou José, o esposo de Maria, da qual foi gerado Jesus chamado Cristo" (1,16). O verbo na forma passiva indica o autor divino da geração.[21] O lugar de Jesus na lista genealógica é assegurado pela pessoa de José, esposo de Maria, mas é o próprio Deus o pai da criança. Seu nascimento, embora assinalado no final, remonta além de Abraão, o ancestral mais longínquo, o primeiro da lista. Segundo o evangelho de João (8,58): "Antes que Abraão nascesse, Eu Sou". Ao passo que o papel dos homens, bem como o de Deus, é expresso pelo verbo "gerar", a função das mulheres é descrita pela preposição "de". Por exemplo: "Booz gerou Jobed, de Rute" (1,5). "Jesus foi gerado por Deus, de Maria"; contudo, não somente dela, mas "do Espírito Santo" (1,18-20) e de Maria. E assim foi gerado um homem que é o Filho de Deus.

No texto de Lc 1,35, o Espírito Santo é citado três vezes, primeiro por seu nome próprio, depois como poder, que é seu sinônimo e, enfim, como a nuvem de sombra e de luz, que a Bíblia chama de "a glória de Deus", sendo que também a glória é sinônimo do Espírito Santo: "O Espírito Santo virá sobre ti, e o poder do Altíssimo vai te cobrir com sua sombra, por isso o *Santo* que nascer *será chamado* Filho de Deus". O recém-nascido será o Santo, Filho de Deus, porque nascerá do Espírito Santo, que não desempenha o papel de um marido com sua esposa; a criança não será o Filho do Espírito, mas de Deus, o Pai; o Espírito Santo é o poder pelo qual Deus gera, e é graças a esse poder que "para Deus... nada é impossível" (1,35).

As duas passagens são como que o eco antecipado, que ressoa já bem antes do nascimento pascal, em si muito mais prodigioso. Ali, também, assim como na enumeração genealógica, está garantida uma continuidade: "Jesus de Nazaré, o Crucificado, ressuscitou" (Mc 16,6). Agora a ruptura é profunda, mais ainda do que na concepção virginal. É pela morte que Jesus é "estabelecido Filho de Deus com poder por sua ressurreição dos mortos, segundo o Espírito de santidade" (Rm 1,4).

---

[21] Os exegetas falam de um *passivum divinum*, frequente na Escritura, quando se refere a Deus como o autor da ação.

Desde o início, Jesus já era o Filho no Espírito; agora, no final, ele o é em gloriosa plenitude. Para sempre ele é o Nazareno, nascido de Maria. Contudo, sua existência agora é só para seu Pai-Criador, que o gera e o cria no Espírito Santo. Ação misteriosa esta que acontece com o homem Jesus: ação, ao mesmo tempo, geradora e criadora! As narrativas da infância, redigidas à luz da Páscoa, projetam, por sua vez, uma luz sobre o mistério pascal. É assim que, desde já, podemos saber que a ressurreição de Jesus é a geração divina do Filho pelo poder do Espírito Santo. As narrativas da infância confirmam isto: é pelo Espírito Santo que Deus gera seu Filho neste mundo.

O Espírito Santo continua sendo "o companheiro inseparável" de Jesus durante seu ministério.[22] O Precursor reconhece em Jesus o Filho de Deus, porque o Espírito Santo permanece sobre ele (Jo 1,32-34). Sobre o monte da transfiguração, a glória de Deus se apodera de Jesus e dos discípulos, quando "uma nuvem luminosa os cobriu com sua sombra, e uma voz, que saía da nuvem, disse: 'Este é meu filho amado'" (Mt 17,5). Essa nuvem luminosa, não é ela o símbolo do Espírito Santo?

Nem Jesus nem o Espírito podem ser conhecidos em sua verdade profunda a não ser em suas mútuas relações. É a ação do Espírito que confere a Jesus sua identidade filial: "por isso o *Santo* que nascer *será chamado* Filho de Deus" (Lc 1,35). "Deus o ungiu com o Espírito Santo" (At 10,38). Jesus é o Messias que "batiza no Espírito Santo".[23] O Espírito Santo, por sua vez, é reconhecido em sua verdade profunda por sua participação no mistério filial de Jesus. No Antigo Testamento já se sabia que ele é o poder pelo qual Deus cria todas as coisas; mas ainda não se sabia que ele é o poder da geração divina. Inseparáveis, o Espírito e Jesus dão-se a conhecer um ao outro.

Essa dupla revelação alcança sua plenitude na ressurreição. Mas, para atingir esse ápice, Jesus deveu percorrer um longo caminho, no poder do Espírito Santo.

---

[22] Basílio, *Tratado sobre o Espírito Santo* 16,39. SC 17, 180s.
[23] Mt 3,11; Jo 1,33.

III
A GERAÇÃO DO FILHO NA HISTÓRIA

O homem, enquanto vive sobre a terra, é história. Vive na condição de se fazer. E assim foi para Jesus enquanto viveu em sua condição de homem-Filho de Deus. No mistério trinitário, o Pai gera o Filho na plenitude atemporal, trans-histórica. A eternidade de Deus é dinâmica, é idêntica ao instante dessa geração infinita. Jesus é o Filho de Deus desde sua origem; mas sua geração pelo Pai como que se desdobra através de toda a sua vida e de sua submissão filial para alcançar a culminância de seus efeitos na morte-ressurreição.[1]

Jesus havia definido a si mesmo como "aquele que o Pai consagrou" (Jo 10,36). Antes de sua paixão, ele declara: "E, por eles, a mim mesmo me consagro" (Jo 17,19). Isso porque sua consagração não estava ainda completa. A glória, característica da filiação (Jo 1,14) ainda era pouco visível. Jesus a suplica, como se ela ainda estivesse ausente: "Pai, chegou a hora: glorifica teu Filho" (Jo 17,1). Ser o Filho é estar no seio do Pai (Jo 1,18), ser um com ele (Jo 10,30). Ora, era preciso

---

[1] Falar de um "tornar-se" no mistério filial de Jesus não significa que Jesus não tenha sido Filho desde sua origem, e o será, finalmente, por adoção. A teologia do mistério pascal não dá espaço para nenhuma suspeita de adocionismo. Os Padres falam a respeito desse "tornar-se". Cf., por exemplo, HILÁRIO, in *Ps. 2,27-29*; *In P. 53.14. CSEL* 22,57-59.146: "De Filho do homem, ele ré-nasceu Filho de Deus, pela glória da ressurreição".

que Jesus "fosse ao Pai" (Jo 14,12). Ele devia ascender até lá (Jo 6,62), onde estava sua origem, (Jo 8,23). Sua missão estará completa neste futuro: "E, por eles, a mim mesmo eu me consagro, para que sejam consagrados na verdade" (Jo 17,19).

Na opinião de Paulo, no início de sua vida Jesus estava submisso a um modo de viver pouco conforme ao mistério de sua filiação divina: "Ele assumiu a condição de servo" (Fl 2,7). "Filho de Davi segundo a carne", ainda não fora "estabelecido Filho de Deus com poder por sua ressurreição dos mortos, segundo o Espírito de santidade" (Rm 1,4). "Nascido de uma mulher, nascido sob a Lei", ele pertencia a um povo que era semelhante a um menor de idade, não possuindo o domínio sobre os bens paternos, e, portanto, estava privado daquilo que é próprio do espírito de filiação. Quando passou da condição servil à vida filial, ele enriqueceu os fiéis com o Espírito de filiação (Gl 4,1-6). Sua missão completou-se por meio de um processo pessoal de "filialização". Tornou-se a boa nova em pessoa, ele mesmo, quando atingiu a plenitude filial: "Nós vos anunciamos a boa nova. Deus cumpriu para nós, os filhos, a promessa feita a nossos pais, ressuscitando a Jesus. Assim como está escrito nos salmos: 'Tu és meu filho, eu hoje te gerei'" (At 13,32s.).

A Carta aos Hebreus fala a respeito desse "tornar-se", desse "aperfeiçoamento",[2] pelo qual o Cristo, embora fosse Filho, aprende a obediência e, tornado perfeito, torna-se também causa universal da salvação (Hb 5,8s.).

O Filho que Jesus já era, desde seu nascimento, deveria ser também assumido pela submissão ao Pai que o gera. Como mais tarde seus fiéis que, cristãos já desde o batismo, devem ainda continuar a sê-lo até a morte. Jesus deixou-se "filializar", "humilhando-se e fazendo-se obediente até a morte, e morte de cruz! Por isso Deus o sobre-exaltou grandemente" (Fl 2,8).

---

[2] Hb 2,10; 5,5-9; 7,28.

É o Pai quem o conduz à plenitude. Sem ele, o Filho não saberia como caminhar: "O Filho, por si mesmo, nada pode fazer, mas só aquilo que vê o Pai fazer; tudo o que este faz, o Filho o faz igualmente" (Jo 5,19). O conhecimento próprio de Jesus é típico de sua condição, a de um Filho que deve ainda tornar-se plenamente "o Filho que está no seio do Pai" (Jo 1,18).

Uma opinião teológica, que prevaleceu durante séculos, atribuía a Jesus, já durante sua vida terrestre, a visão beatífica. Sendo homem Deus, ele gozaria de uma ciência ilimitada, própria de Deus, como também de uma felicidade celeste. Sua obra teria sido realizada por um ato exterior a sua pessoa, pela quitação da dívida para com a justiça de Deus que fora ofendida. Não se levava em consideração que a redenção devia acontecer no Redentor, em sua passagem deste mundo ao Pai, da condição servil à plenitude da vida filial. Jesus tornou-se o salvador quando a salvação se realizou em sua pessoa, na comunhão com o Pai, a qual, antes de sua morte, ainda não podia ser considerada total, sob todos os pontos de vista.

Jesus era consciente de suas limitações. Elas não lhe pareciam incompatíveis com sua dignidade filial. Ele mesmo atesta não saber a data do último dia: "Daquele dia e daquela hora, ninguém sabe, nem os anjos no céu, nem o Filho, somente o Pai" (Lc 13,32). A afirmação da filiação é solene, o Filho se eleva acima dos homens, e até mesmo dos anjos, mas a data do fim é reservada ao Pai. Jesus sabe o quanto lhe convém a realeza celestial, mas cabe ao Pai designar aqueles que se assentarão a sua direita e a sua esquerda (Mc 10,40).

No lugar denominado Getsêmani, diante da sorte horripilante que o esperava, ele "orava para que, se possível, passasse dele a hora" (Mc 14,35). Ele sabia muitas coisas, mas não sabia todas as coisas.

Quanto à felicidade celeste que ele teria possuído, não seria até paradoxal falar-se dela, quando Jesus mesmo se diz "triste até a morte" (Mc 14,34), sentindo-se como que perante a aniquilação?

O conhecimento específico do homem Jesus é aquele que corresponde a sua identidade: é um conhecimento filial. Não é o conhecimento que Deus tem da multidão das realidades e dos acontecimentos do mundo. O conhecimento de Jesus apoiava-se em Deus em seu mistério, em sua paternidade. Jesus se via em uma relação filial com Deus: "Ninguém conhece o Pai senão o Filho" (Mt 11,27), Parece que Jesus jamais conheceu e nem poderia conhecer Deus a não ser como seu Pai,[3] pois, se assim não fosse, ele não teria podido conhecê-lo em sua verdade. A filiação divina é algo relacional; uma relação pessoal é consciente.[4] Mesmo no fim de sua vida ele se refere a Deus com um nome de sua confiança, marcado pela familiaridade com que um filho se dirige a seu pai: "Abba!" (Mc 14,36). Sem dúvida, esse era o nome com que, quando ainda criança, ele se dirigia a Deus que se revelava a seu coração. E ele conservou esse costume e essa atitude perante o Pai tão amado e tão grande (Jo 14,28).

Esse conhecimento existente em Jesus é único, próprio do Filho Único, incomunicável.[5] Não pode crescer mais por meio de novos dados. Mas Jesus, mesmo sendo o Filho de Deus em comunhão com o Pai, podia viver ainda uma comunhão mais intensa; assim como sua consciência filial podia se intensificar até uma suprema luminosidade, pela morte, quando a comunhão com o Pai se tornaria absoluta.

Há domínios em que seu conhecimento pôde se enriquecer por

---

[3] Afirmar, como às vezes já se afirmou, que Jesus não tomou consciência de sua filiação e de sua messianidade a não ser no momento em que foi batizado pelo Precursor, não corresponde ao espírito dessa narração evangélica. Não se trata de uma tomada de consciência, mas antes de uma proclamação de sua filiação e de sua messianidade.
[4] Um filho pode ignorar quem é seu genitor. A paternidade de Deus, contudo, não é biológica, é relacional. Uma relação pessoal é consciente. Sendo Pai do homem Jesus, deve-se pensar que Deus se revela tal desde que Jesus pôde ter consciência, no processo de seu desenvolvimento humano.
[5] Esse conhecimento pode ser compartilhado em outro nível, (cf. Mt 11,27), assim como a filiação única de Jesus pode ser comunicada também em outro nível.

meio de sucessivas contribuições. Ele, não somente aprendeu a falar, a ler, a descobrir a geografia de seu país... Por meio do Pai ele tomou consciência de determinada missão e dos meios para cumpri-la. Essa consciência messiânica era inseparável da consciência filial, estava incluída nela. Pois sua missão era viver como Filho de Deus para a salvação de todos, até a plenitude do mistério filial na morte glorificante.

A missão estava, portanto, inscrita em seu ser de homem-Filho de Deus. Nesse sentido, a consciência messiânica, em Jesus, igualava-se, em duração, à consciência filial.

Ao contrário desta, a consciência messiânica podia tornar-se mais explícita, enriquecer-se com contribuições novas. As narrativas evangélicas permitem pensar que nem sempre Jesus sabia, pelo menos com muito tempo de antecedência, o caminho preciso que deveria seguir. João, cuja admiração pela clarividência de Jesus era notavelmente grande,[6] reconheceu que Jesus se deixava guiar passo a passo por seu Pai. Tudo o que faz e o quanto diz, ele o recebe do Pai, na medida das necessidades da missão (Jo 8,28). "Porque o Pai ama o Filho e lhe revela tudo o que faz; e lhe manifestará obras maiores do que estas" (Jo 5,20), as que já foram manifestadas. O Filho eleva os olhos fixos no Pai, o Pai estende a mão para o coração do Filho. "O Pai ama o Filho" (Jo 5,20), "eu amo o Pai e faço como o Pai me ordenou" (Jo 14,31). O Pai que o gera eternamente, gera-o em todas as suas ações,[7] com as luzes de que ele necessita.

Quando Jesus alcançar a plenitude filial e quando a consciência tiver atingido sua intensidade suprema, o conhecimento messiânico não comportará mais ignorância alguma. Todo poder lhe será dado, no céu e sobre a terra. Interrogado pelos discípulos, ele não responderá mais que desconhece o dia e a hora. Não caberá a eles ter esse conhecimento em vista de sua missão (cf. At 1,6s.).

---

[6] Jo 2,24; 4,16-19; 10,14; 13,3.
[7] Agostinho, *In Joh*, tratado 106, 7. *CCL*, 36, 612s.: "Tudo aquilo que o Pai deu ao Filho, ele o deu pela geração".

A opinião, por tanto tempo admitida, de um conhecimento universal e beatificante não era inteiramente errônea. O erro incidia sobre a natureza do conhecimento e da beatitude. Dizia-se: "a suprema e perfeita felicidade não pode consistir a não ser na visão da essência divina... a essência da causa primeira".[8] Ora, a felicidade última consiste no conhecimento experimental de Deus em seu mistério, em sua paternidade.[9]

A felicidade eterna de Jesus consiste em ser o Gerado pelo Pai e na consciência dessa geração. Na terra, ele já possuía certo conhecimento e sua consequente felicidade, mas adaptados à condição terrestre. Saber-se o Filho dava sentido, conferia segurança e, às vezes, fazia com que "exultasse de alegria" (Lc 10,21), nisso consistia a felicidade de Jesus. O conhecimento e a beatitude eternos já estavam ali, em germe. A consciência filial, contudo, não excluía inteiramente a ignorância a respeito dos acontecimentos e das realidades do mundo e, longe de excluir o sofrimento, ela poderia até fazê-lo crescer, naqueles momentos em que Deus, seu Pai, parecia mais distante (Mc 15,31).

O Pai gera Jesus no Espírito que é amor. Ele o gera amando-o. Ora, as relações de amor se estabelecem na liberdade, e Jesus devia se deixar gerar. Face ao Pai, a quem pertence a iniciativa, ele devia desempenhar um papel, o papel da receptividade filial. Pois não se pode doar a quem não quer receber. Na linguagem bíblica, essa receptividade é denominada de obediência, que é uma virtude especificamente filial. Jesus era o homem livre por excelência, descompromissado com as tradições dos escribas e dos fariseus, contrário à imagem que eles se faziam de Deus, crítico dos chefes dos sacerdotes, porque abusavam de seu poder religioso, livre até de si mesmo em sua renúncia pessoal total. Mas, perante Deus, ele viveu em submissão absoluta.

---

[8] Santo Tomás, 1a 2ae, q. 3, a. 8.
[9] Cf. adiante, p. 178.

Essa submissão foi a fonte de sua liberdade, enquanto viveu na "condição servil" (Fl 2,6), a ele imposta na existência terrestre. Ele tem pais aos quais deve obedecer (Lc 2,51), apesar disso, durante três dias ele se afasta dessas dependências, para "estar na casa do Pai" (Lc 2,49). Ele não é nem esposo nem pai de família: ele é somente o Filho único. Pela fé em seu Pai ele se eleva acima das limitações das leis físicas e opera milagres. Sua submissão a Deus é expressa por meio de atos de liberdade.

Mas a obediência ainda não havia atingido seu zênite: "humilhou-se e foi obediente até a morte" (Fl 2,8). Ele se fez obediente, não no sentido de que alguma vez haja desobedecido, mas porque, na condição de homem terrestre, ele se tornara incapaz de um compromisso absoluto, de um ato eterno. Tendo obedecido a Deus hoje, amanhã será preciso recomeçar. Os sofrimentos encaminharam Jesus para um consentimento eterno. Um cristão que vive suas provações com espírito de fé e caridade torna-se disponível para com Deus, num grau de profundidade nunca antes experimentado. E assim foi com o Cristo: "Embora fosse Filho, aprendeu, contudo, a obediência pelo sofrimento; e, levado à perfeição, tornou-se princípio de salvação para todos" (Hb 5,8). A paixão de Jesus nada teve de um castigo infligido a um Inocente, que Deus teria escolhido para sofrer em lugar dos pecadores.[10]

O ancestral desobediente cede lugar ao novo Adão (Rm 5,12-18) "feito obediente até a morte". A redenção é uma obra de obediência, por meio de amor mútuo: "Por isto o Pai me ama, porque dou minha vida para retomá-la... esse é o preceito que recebi do Pai" (Jo 10,17s.).

Jesus era um homem extremamente dedicado à oração. Ao Pai não cabe pedir nem obedecer. Ele é a fonte, nada pode pedir para si mesmo que já não possua. O pedir é próprio do Filho, a quem é próprio o esperar e receber do Pai.

---

[10] Cf. adiante, p. 52.

Toda oração é, no fundo, uma invocação ao Pai: "Quando orardes, dizei: Pai..." (Lc 11,2). O orante reconhece a paternidade de Deus, entrega-se-lhe, deixa-se gerar. Quando o homem põe-se em oração, opera-se uma progressiva geração do filho de Deus. Jesus rezava muito. Ele falava da abundância de seu coração ao recomendar que se orasse sem cessar (Lc 18,1). Ele se expunha a seu Pai, deixando-o agir de acordo com sua paternidade. Ele orava no Espírito Santo (cf. Lc 10,21), pronunciava "Abba!", como também o farão os discípulos, sob o impulso do Espírito.[11] Ora, o Espírito é o poder divino no qual Deus gera seu Filho. Ao orar, Jesus tornava-se o Filho que ele já era: "enquanto orava, seu rosto se alterou" (Lc 9,29), tornou-se o verdadeiro semblante do Filho a respeito do qual Deus proclama: "Este é meu Filho" (Lc 9,35).

Jesus havia "subido à montanha para rezar" (Lc 9,28). Para se juntar a Deus, é preciso subir, pois ele é o santo, o transcendente. Jesus ainda precisava subir: "E quando virdes o Filho do Homem subir aonde estava antes?" (Jo 6,62). A oração pode ser definida como uma "elevação do espírito a Deus".[12] Em sua morte, Jesus se eleva "acima da terra" (Jo 12,32), não somente em seu espírito, mas por seu ser. Ele se torna oração, a oração da humanidade, na submissão infinita à paternidade de Deus. Ao ressuscitá-lo, Deus o plenifica, nele mesmo e para os homens: "Ele morreu por todos" (2Cor 5,15).

O fato de Jesus ter orado tanto significa que seu mistério filial tinha em si a consciência de um fazer-se. Ela já era um com o Pai (Jo 10,30), mas devia ainda subir até ele (Jo 14,28). Enquanto viveu sobre a terra, ele era uma parte de si mesmo vivendo na soleira da casa paterna. Semelhante ao sumo sacerdote que, uma vez no ano, entrava no santuário feito pela mão do homem, Jesus penetrou, através do véu de sua carne, no Templo não feito pela mão do homem, e "se tornou

---

[11] Rm 8,15; Gl 4,6.
[12] João Damasceno, *De fide orthodoxa*, 3,24. PG 94, 1069.

para todos os que lhe obedecem princípio de salvação eterna".[13] Ele entrou em comunhão, sua morte foi uma liturgia de comunhão.

A hora pascal é anunciada nas grandes orações de Jesus. Segundo Lucas, ele orou no batismo, prefiguração do mistério pascal. Ele orou sobre a montanha, onde "Moisés e Elias falavam de sua partida que ia se consumar em Jerusalém" (Lc 9,29s.). Ele orou no Getsêmani, um pouco antes de sua morte. Sua última oração, segundo Lucas, foi um ato de abandono filial nas mãos do Pai (23,56). Esse é, segundo o evangelista, o sentido da morte de Jesus. A última palavra encontra-se com a primeira, onde a criança declara sua vontade de "estar na casa do Pai" (Lc 2,49). O Pai acolhe a prece, dizendo: "Tu és meu Filho, hoje eu te gerei".

A morte, mistério filial

O que aconteceu na morte de Jesus? Não há uma testemunha que possa dizê-lo. No Calvário, os espectadores que a assistiam estavam fora do drama, tendo à frente um véu, atrás do qual tudo se passava. Eles viam um homem que estava morrendo. Somente o Pai foi testemunha da morte do Filho. E foi ele quem desvelou o mistério, ressuscitando Jesus: em sua morte, Jesus nasceu divinamente.

O Pai não foi uma simples testemunha, ele foi o ator principal. Quando São Paulo escreve "Ele não poupou seu próprio Filho",[14] evoca Abraão prestes a sacrificar Isaac. Judas é aquele que o traiu (Mc 14,17 par.); "os chefes dos sacerdotes e nossos chefes o entregaram" (Lc 24,20). "Pilatos entregou-o" (Mt 27,26). Também o Pai "o entregou por todos nós" (Rm 8,32). Jesus sabia que havia sido "entregue" pelo Pai: "Isto é o meu corpo que é dado por vós" (Lc 22,19). O verbo

---

[13] Hb 4,14s.; 8,1s.; 9,11s.; 10,19s.
[14] Cf. Rm 8,32; Gn 22,16.

no passivo indica que essa ação é atribuída a Deus.[15] Quando Jesus insiste: "E começou a ensinar-lhes que era necessário que o Filho do Homem sofresse muito" (Mc 8,31 par.), ele declara que esse destino estava inscrito no "desígnio bem determinado" (At 2,23) do Pai. "Pois Deus amou tanto o mundo que entregou seu Filho único" (Jo 3,16). *Mas a maneira com que Deus entregou seu Filho é totalmente diversa.* Eles, para matá-lo, expulsá-lo de Israel e da história. O Pai, para gerá-lo e colocá-lo no coração de todos. Pedro assim distingue as ações: "Deus constituiu Senhor e Cristo a esse Jesus que vós crucificastes".[16] Ela não impediu que os homens o matassem;[17] Deus não quis a morte de seu Filho com a mesma intenção com que os homens a perpetraram. Sendo o Pai, sua intenção foi a de gerar Jesus em sua morte.

A morte de Jesus, o Filho, era necessária. A expressão "é preciso", insistentemente repetida,[18] exprime uma necessidade inscrita no plano divino. Quais seriam as razões? Os pecados dos homens a serem expiados? Certamente, e esse será o assunto do próximo capítulo. A razão primeira está em Jesus, em seu ser filial, no qual se completa a missão da salvação: "Não era preciso que o Cristo sofresse tudo isso e entrasse em sua glória?" (Lc 24,26). A morte dolorosa teve sua necessidade no nascimento glorioso.

Para nascer "Filho de Deus no poder" (Rm 1,4), "na condição divina" (Fl 2,6), era preciso que antes morresse na fraqueza de uma carne semelhante à carne do pecado (Rm 8,3), à condição servil (Fl 2,6). Aquilo que é válido para todos os homens, é válido igualmente para seu senhor: "a carne e o sangue não podem herdar o Reino de Deus".[19]

---

[15] É a isso que os exegetas denominam de *passivum divinum*.
[16] At 2,36; 5,31; 13,33; Rm 1,4; Fl 2,9-11; Hb 1,5.
[17] De maneira alguma é justo dizer que Deus permitiu esse crime, porque permitir é também dar seu consentimento. Deus não impediu.
[18] Mt 16,21; 17,22; 20,17s.; Jo 3,14.
[19] 1Cor 15,50; cf. Hb 2,10.

Foi preciso que se criasse um espaço ilimitado para acolher a plenitude da divindade (Cl 2,9). Esse espaço é aquele da submissão ao Pai que o gera. Ser o Filho é ser acolhido pelo Pai. À geração infinita deve corresponder uma entrega infinita. São dois infinitos que se encontram na morte e na ressurreição. Jesus se deixa despojar de tudo, "obediente até a morte, e morte de cruz" (Fl 2,8), mas se entregando àquele que o gera. De agora em diante vive somente para aquele que o ressuscita.

Submetendo-se à plenitude de Deus, Jesus concentrou em si toda a multidão dos homens. "O Sumo Sacerdote naquele ano profetizou que Jesus iria morrer pela nação – e não só pela nação, mas também para congregar na unidade todos os filhos de Deus dispersos" (Jo 11,52). Congregá-los unindo-os a si. Graças ao espaço criado na paixão, essa palavra pôde se cumprir: "Nesse dia compreendereis que estou em meu Pai e vós em mim e eu em vós" (Jo 14,20). Estas palavras, endereçadas aos discípulos, segundo João 14,20, têm um valor universal, pois todos os homens são chamados à salvação "em Cristo Jesus, que se tornou para nós sabedoria proveniente de Deus, justiça, santificação e redenção" (cf. 1Cor 1,30). Era, pois, necessário que sua morte fosse infinita.

Acontece que muitas vezes se critica a teologia que considera a morte de Jesus como sua entrada gloriosa na plenitude da comunhão filial, acusando-a de esvaziar o sentido trágico da paixão. De acordo com certas teologias, Jesus morreu longe do Pai, abandonado, esmagado pelo peso dos pecados e da justiça divina que se desencadeou contra eles. Mas, o que pode ser mais trágico para um homem que ter de se abrir para a infinitude de Deus, ter de se compatibilizar com sua santidade e ter de acolher em si toda a humanidade pecadora, para abrigá-la em sua santidade? O peso dos pecados dos homens é enorme, mas nenhum dos pecados, e nem mesmo o conjunto deles é infinito, ao passo que infinita é a glória da ressurreição. Quem poderia carregar o oceano na palma da mão? Mais desproporcional ainda era a relação entre a humanidade terrestre de Jesus e a plenitude divina que haveria de "habitar corporalmente nele" (Cl 2,9). Como não devu ele sofrer com a dilaceração, a expansão e a dilatação de seu ser? "Aprendeu a obediência pelo sofrimento" (Hb 5,8). Na paixão de Jesus estava sendo "preparado o peso eterno da glória" (2Cor 4,17) da ressurreição. É esta que revela o sentido da morte, ela é sua medida. E essa medida é infinita. Na santidade de Deus que o acolhe, maior ainda do que todos os pecados, Jesus pôde reunir toda a humanidade, envolvê-la nessa santidade muito mais vasta.

Jesus pôde passar por uma morte imensurável, porque trazia em si o princípio de sua aceitação infinita: ele era o Filho eterno que haveria de viver encarnado até o momento de sua morte humana. Nesse instante ele foi assumido com a totalidade de seu ser humano na receptividade ilimitada da filiação divina. O Pai opera então aquilo que já realiza no mistério trinitário: ele gera o Filho, dando-lhe a oportunidade de se deixar gerar infinitamente. O despojamento do Filho – a *kénosis* lembrada em Filipenses 2,6 – até a morte é o efeito maior da geração do Filho neste mundo. Os carrascos executaram seu ofício, mas a morte, em sua "filialidade" infinita, o morrer para o Pai é o dom supremo que o Pai deu ao Filho gerado neste mundo.

A existência despojada era, desde a origem de Jesus, rica de uma glória secreta, a glória da obediência, da "filialidade". Sob as cinzas escondia-se o fogo que a tudo queimou quando o despojamento se tornou total. A *kénosis*, esse esvaziamento de si mesmo, foi o vazio equivalente à receptividade; ele constitui, juntamente com a ressurreição, um mistério único que jamais se findará.[20]

---

[20] A *Kénosis* da qual se fala em Filipenses 2,6, é entendida como a entrada do Filho no mundo, até sua morte (2,6-8). Mas a teologia pode dizer que ela foi eternizada em seu sentido mais profundo, a morte, que forma com a ressurreição um único mistério.

O nascimento eterno na morte

Gerado na morte, Jesus permanece lá onde fora eternamente gerado: a vida filial e a morte formam um único mistério pascal. Ressuscitando, Jesus deixa o túmulo, mas não se livra do mistério da morte. Ele guarda as marcas da paixão, como aquela ferida de seu lado, onde Tomé pôde colocar sua mão: são feridas mortais. Até a chegada do último dia os homens olharão para "aquele que transpassaram" (Ap 1,7; Jo 19,37). "Firmado" em sua glória, Jesus é o leão vencedor e o cordeiro imolado (Ap 5,5). O sangue da aspersão que tira os pecados, que santifica os pecadores, faz parte de uma liturgia eterna.[21] Agora os fiéis têm, para sempre "a plena garantia para entrar no Santuário, pelo sangue de Jesus, nele temos um caminho novo e vivo, que ele mesmo inaugurou através do véu, quer dizer: por meio de sua humanidade" (Hb 10,19s.). Segundo João 17,1s., Jesus pede para ser glorificado junto do Pai a fim de dar aos seus a vida eterna. Em João 12,32, ele já havia anunciado que atrairia todos a ele, quando ele fosse elevado acima da terra, ao céu; mas o evangelista nota que essa exaltação acima da terra acontecerá por meio da cruz. O mesmo movimento tem, portanto, seu termo na morte e na glória. A cruz é o trono da glória eterna.

Quando os homens de hoje se encontram com o Cristo é lá que o encontram: em sua morte, na qual ele ressuscitou. Pelo batismo eles se tornam um só corpo com ele (1Cor 12,13) e morrem e ressuscitam juntamente com ele.[22] Quando ele se doa a eles, é como corpo entregue e sangue derramado.[23]

---

[21] Hb 9,13s.; 12,24; 1Pd 1,2; Ap 7,14.
[22] Rm 6,3-11; Ef 2,5s.; Cl 2,11-13; 3,1-3; cf. 2Cor 4,10-12.
[23] Nem é preciso dizer que sob o ponto de vista biológico a morte de Jesus pertence ao passado. É em seu aspecto humano, pessoal que ela permanece atual.

A filiação de Jesus exige que ele permaneça em seu mistério de morte, em seu morrer para o Pai, na dedicação ao Pai. Glorificando-o, o Pai não o separa daquilo que faz sua glória de homem-Filho de Deus. A ressurreição não anula a obediência até a morte; nem o dom de si, pelo qual Jesus se une a seu Pai, que é amor. Se o Ressuscitado vivesse num além de sua morte, ficaria sem comunicação com os homens votados à morte, não seria a cabeça da Igreja terrena, composta de homens mortais; seria impossível aos homens morrer com ele (2Tm 2,11), para participarem de sua ressurreição (Fl 3,10). Sua morte é comunhão com o Pai e os homens e não ruptura, ela é eterna. Ressuscitar e permanecer ao mesmo tempo na morte, isso pode parecer contraditório. Mas, em se tratando da morte como mistério filial, a razão admite, sem dificuldade, o paradoxo. De acordo com São João, a morte é a concretização da subida até o Pai; o encontro glorificante acontece num momento de plenificação, e não num além; dá-se, portanto, na própria morte. Ora, a glorificação é um ato de plenitude eterna: a eterna glorificação mantém Jesus na morte, da qual é inseparável. A glorificação é um hoje eterno, a morte também.

Segundo Lucas 23,46, a morte é a entrega de si nas mãos do Pai; segundo Hebreus 9,14, ela é a oferenda de si ao Pai. Para que possa acontecer uma doação, é preciso que ao gesto de doar corresponda o de aceitar. Entregando-se, Jesus não cai no vazio, ele é recebido. Esses dois gestos se completam. As mãos que recebem, também glorificam. A glorificação eterna mantém Jesus naquele mesmo instante em que se colocara nas mãos do Pai.

Jesus mereceu a salvação por sua morte. Merecer é acolher o dom de Deus; no momento em que Jesus acolhe o dom de Deus é que ele é cumulado de méritos, e não depois. A plenitude eterna que o preenche igualmente o mantém no acolhimento, no mérito redentor. Ele merece para sempre a salvação do mundo.[24]

---

[24] O homem pode alegrar-se: a todo momento o Cristo está lhe merecendo a salvação.

A encarnação torna-se total ao termo da descida à condição humana, na morte. O Filho não sai da profundeza de sua encarnação, onde o Pai o gera na humanidade.

A morte redentora não é somente um ato do passado, sua atualidade é eterna. O Cristo "se tornou para nós... redenção" (1Cor, 1,30); ele é a redenção em pessoa, o cadinho permanente da transformação da humanidade pecadora em "nova criação" (2Cor 5,17).

A unidade da morte e da ressurreição é realizada no Espírito Santo. Jesus se oferece em um "espírito eterno" (Hb 9,14), ele se abre filialmente ao Pai em um "Espírito de filiação" (Rm 8,15). O Pai ressuscita Jesus no Espírito Santo que é seu poder paterno. No Espírito, o Pai o gera, no Espírito, o Filho deixa-se gerar, da mesma forma que no mistério íntimo de Deus, o Espírito é uma pessoa em duas outras, e as funde na unidade, como faz da morte e ressurreição um só mistério. O Filho morre no amor do Pai (Jo 14,31); o Pai o ressuscita no amor; o Espírito é o amor e faz da morte e da ressurreição um único mistério de amor. Assim ele assegura a permanente atualidade da redenção e garante a compreensão de que Jesus permanece naquela mesma morte em que ressuscitou.

O mistério pascal é trinitário. O Filho entrega-se ao Pai, deixa-se gerar. O Pai, de quem tudo provém, permite sua morte e o gera na morte. O único Espírito de Deus é, por sua vez, o espírito da paternidade e da "filialidade", o poder da morte e da ressurreição.

Ao ressaltar a importância da ressurreição, a teologia do mistério pascal em nada diminui o mistério da morte. Só que esta não aparece mais como um simples acontecimento do passado, portanto, ultrapassado: a morte é eternizada. Nela, e na ressurreição, o mistério trinitário está inscrito na criação.

Nota sobre o terceiro dia

A unidade da morte e da ressurreição, formando um só mistério, parece contradizer o seguinte texto: "Cristo morreu por nossos pecados, segundo as Escrituras. Foi sepultado, ressuscitou ao terceiro dia, segundo as Escrituras" (1Cor 15,3s.). Poder-se-ia pensar que a afirmação da unidade da morte e da ressurreição mostra-se como uma reflexão do tipo gnóstico, uma especulação sem bases históricas. Jesus, morto na cruz, ressuscitou da sepultura e não da cruz. E a teologia deve levar isso em consideração. Mas, também a unidade da morte e ressurreição se apoia nas Escrituras. Pode-se, então, pensar *a priori* que a afirmação teológica e o fato histórico não se contradizem.

Em hebraico, para se dizer "pouco depois", "logo depois", falava-se de um "segundo dia" ou "terceiro dia". Oseias (6,1s.) escreveu: "Vinde, retornemos a Iahweh. Porque ele despedaçou, ele nos curará; ele feriu, ele nos ligará a ferida. Depois de dois dias nos fará reviver e no terceiro dia nos restabelecerá". O profeta não estava contando os dias, ele estava prometendo que, depois das calamidades descritas, a salvação não tardaria. Outros textos são evocados por 1Coríntios, 15,4: "ressuscitou ao terceiro dia, segundo as Escrituras", no plural. A Bíblia fala, com efeito, de intervenções divinas acontecidas ao terceiro dia.[25] A fórmula havia se tornado tradicional para evocar a intervenção salvífica de Deus. Também Jesus anuncia a reconstrução do Templo, em três dias (Jo 2,19). Sabe-se ainda que, no tempo de Jesus, interpretava-se Oseias 6,2 como a catástrofe escatológica e a ressurreição final de Israel.[26] Ora, a fé cristã primitiva considerava a ressurreição de Jesus como sendo a ressurreição dos mortos.[27] Esse conjunto de dados sugere que a expressão *terceiro dia* não é uma indicação cronológica precisa. Ela significa que a salvação de Deus não tardará, e também, certamente, que essa intervenção salvífica será a

---

[25] Cf., por exemplo, Gn 22,4; Js 2,17; Jn 2,1.
[26] Cf. STRACK-BILLERBECK, *Kommentar zun N.T aus Talmud und Midrash*, t. 1, p. 747.
[27] Cf. Mt 27,52; Rm 1,4 e a nota da p. 11.

intervenção final. Então, quando é que Jesus ressuscitou? O fato de ele ter aparecido pela primeira vez na manhã de Páscoa deve ter contribuído para a adoção da fórmula "ao terceiro dia".

Resta ainda a questão de que Jesus morreu na cruz, mas ressuscitou da sepultura. Podem ser apresentadas diversas soluções. Morto sobre a cruz, desde então ele entrou na glória, quanto a sua alma, em seu ser profundo. O corpo depositado na sepultura foi assumido, em seguida, por essa glória que coincide com a morte.

Uma outra explicação pode ser fornecida pela ciência atual. Ela distingue entre morte clínica e morte absoluta, cujo critério é ainda ignorado atualmente. Esta pode-se dar logo após a primeira. A morte pode ter sido constatada no Calvário; a morte real pode ter acontecido apenas na tumba. Nada impede a simultaneidade da morte e da ressurreição. De acordo com uma opinião dos judeus, que remonta ao tempo de Jesus, a alma do homem permanece no corpo mais ou menos por três dias, e só o abandona com a corrupção.[28] Pedro afirma: "*Não foi abandonado ao Hades* nem sua carne *experimentou a corrupção*" (At 2,31). Seria isso uma alusão a essa opinião, como também João 11,39? Quaisquer que sejam as hipóteses, pode ser que a explicação resida na morte infinita, repleta do Espírito, no qual Jesus ressuscitou. Espírito único da morte e da ressurreição. Um fato histórico, a morte, recebeu a plenitude divina; o hoje eterno da geração do Filho e o tempo dessa criação unem-se em um só. A razão não está capacitada para compreender uma presença da eternidade no tempo, a encarnação da eternidade na história, e muito menos a encarnação do próprio Deus na natureza humana.

A unidade da morte e da ressurreição, teologicamente correta, não pode ser negada apenas porque traz problemas para a razão. Pois insondável é o mistério no qual o Pai permite que Jesus morra inteiramente para ele, gerando-o na plenitude do Espírito Santo.

---

[28] Cf. STRACK-BILLERBECK, *op. cit.*, t. 1, p. 544.

IV
JESUS, O REDENTOR

Quando se afirma que Jesus, morto e ressuscitado, tornou-se em plenitude aquilo que já é desde o começo, o Filho de Deus no Espírito Santo, está-se afirmando tudo o que se pode afirmar a respeito do mistério pascal. Mas é preciso complementar a afirmação: "ele morreu e ressuscitou por todos nós" (2Cor 5,15). Em seu mistério pascal, Jesus é o salvador, pois é "por nós" que o Pai o gera no Espírito e que Jesus se deixa gerar.

A teologia jurídica

Já houve uma teologia da redenção bastante diferente, que em nossos dias é chamada de teologia jurídica. Nela, a ressurreição exerce apenas um papel secundário; Jesus, o homem-Deus não é considerado nela como o Filho em sua relação com o Pai; o Espírito Santo é deixado no silêncio. Esse modelo de teologia reinou soberano durante muitos séculos. Ele impregnou os espíritos e, ainda em nossos dias, deixa profundas marcas. Falar um pouco sobre essa teologia é útil, tanto para assinalar suas deficiências como para ressaltar, como em contraste, os traços próprios da teologia do mistério pascal. Abstração feita dos múltiplos matizes e adendos criados para disfarçar suas carências, a teologia jurídica assim se apresenta: o homem tornou-se pecador em extremo, a justiça divina tem direito de exigir uma reparação adequada, isto é, infinita. Nenhum homem é capaz de prestar uma reparação infinita, somente o mistério da encarnação oferece a Jesus essa possibilidade. Jesus, o homem-Deus, cujos atos são de valor infinito, satisfaz, com seus sofrimentos e sua morte, a justiça de Deus e adquire para os homens o direito do perdão e da vida eterna. A redenção não se realiza na própria pessoa de Jesus e sua relação com Deus, mas por um ato realizado no tempo; ela não é proveitosa aos homens por causa de sua comunhão com a pessoa de Cristo, mas pela "aplicação dos méritos" àqueles que os postulam pela fé.

Cada uma das duas teologias, a do mistério pascal e a do tipo jurídico, tem sua própria imagem de Deus. Na primeira, Deus é um pai cuja preocupação é a salvação dos homens. Na gratuidade total do amor, ele gera para eles, no mundo, o Filho, a fim de que de pecadores possam se tornar seus filhos. Na segunda, ele está, desde o início, preocupado com seus direitos: ele só perdoa após a ofensa ter sido reparada. O modo de pensar também é diferente, personalista em uma, jurídico na outra. Na primeira fala-se de comunhão, da salvação que se realiza em Cristo em sua relação com o Pai, da extensão da salvação a todo o mundo pela comunhão com o Cristo. Na segunda, fala-se de direitos lesados e reparados, de direito adquirido pelo Cristo em favor dos homens, da aplicação aos homens dos direitos adquiridos por Cristo. A palavra comunhão nem mesmo é pronunciada.

Desde os tempos da reforma, muitos teólogos atribuíram à teologia jurídica um caráter altamente dramático. Jesus não somente pagou pela humanidade pecadora, ele a substituiu,[1] seja por um decreto divino, seja pelo fato mesmo de sua encarnação na humanidade pecadora. Tornado assim um pecado encarnado, atraiu sobre si a cólera que castiga o pecado, desceu até o inferno do abandono, até

---
[1] Chamaremos essa teoria de teologia da substituição.

mesmo ser visto como rejeitado por Deus.[2] Essa visão trágica, na qual Deus se opõe a si mesmo em seu Filho – "Deus contra Deus" – inflamou a eloquência dos pregadores, tanto católicos como protestantes. Modernamente, influentes teólogos retomaram essa teoria, tentando purificá-la de suas conotações jurídicas e transpondo para a intimidade da Trindade as fissuras entre o Pai e o Filho.[3]

Esses teólogos apoiam-se, sobretudo, em dois textos de São Paulo: "Aquele que não conhecera o pecado, Deus o fez pecado, por causa de nós, a fim de que, por ele nos tornemos justiça de Deus" (2Cor 5,21); "Cristo nos remiu da maldição da Lei tornando-se maldição por nós" (Gl 3,13). A esses textos pode-se acrescentar o de João, 1,29, assim traduzido: "Eis o cordeiro de Deus, que carrega o pecado do mundo" e ainda, o da primeira carta de Pedro, 2,24: "Ele não cometeu nenhum pecado... sobre o madeiro, *levou nossos pecados* em seu próprio corpo". Mas parece que, na verdade, a teoria não encontra apoio em nenhum desses textos.[4]

---

[2] É assim que essa teoria entende a descida de Jesus aos infernos, contrariamente à tradição primitiva, recebida no símbolo dos apóstolos, segundo a qual essa descida significa Jesus participando com os defuntos seu triunfo sobre a morte.

[3] Cf. J. MOLTMANN, *Le Dieu crucifié*, Paris: Cerf, 1978; *Trinité et Royaume de Dieu*. Ibid. 1984. Uma soteriologia semelhante foi elaborada por H. U. VON BALTHASAR, cujo pensamento encontra-se exposto em: *Les grands textes sur le Christ*. Coleção "Jésus et Jésus Christ", 50. Paris: Desclée, 1991, p. 25-34. J. MOINGT, *L'homme qui vient de Dieu*. Paris: Cerf, 1993. Na página 416 evoca a "ideia de uma morte substitutiva e expiadora", teoria que seduziu até teólogos ortodoxos. A esse respeito veja-se: J. KOCKEROLS, *L'Esprit à la croix*, Bruxelas: Lessins, 1999, p. 67-84. Essa teoria encontrou eco nas atuais obras de espiritualidade, por exemplo: M. ZUNDEL, *Je parlerai à ton coeur*, Québec: ed. Anne Sigier, 1990, p. 172-5: "Deus se tornou pecado... Nosso Senhor teve de se sentir culpado por todas as faltas do mundo, como se ele fosse o Pecado-feito-homem... vivendo nossa culpabilidade até as últimas consequências". R. CANTALAMESSA, *Nous prêchons un Christ crucifié* ed. Des Béatitudes, 1996, p. 95-105: "O Filho de Deus... tornado pecado, o pecado personificado... Em sua paixão, Jesus é a impiedade, toda impiedade do mundo, eis o motivo porque se volta contra ele a cólera de Deus". E outros autores.

[4] Cf. adiante p. 58-61; 74s.

Jesus salvação e salvador

De acordo com o teólogo inconteste da justificação dos pecadores, São Paulo, a salvação não é somente um fato acontecido no passado, em favor deles, e do qual eles podem se beneficiar, ela é uma realidade permanente em Cristo, com o qual eles podem entrar em comunhão: "vós sois em Cristo Jesus, que se tornou para nós sabedoria proveniente de Deus, justiça, santificação e redenção" (1Cor, 1,30). Esse Cristo-salvação, Deus o revela aos homens, a fim de que pela fé encontrem nele a justificação: "Todos pecaram e todos estão privados da glória de Deus – e são justificados gratuitamente, por sua graça, em virtude da redenção realizada em Cristo Jesus: Deus o expôs como instrumento de propiciação, por seu próprio sangue, mediante a fé" (Rm 3,23s.). Paulo faz alusão ao propiciatório do Templo, a moldura de ouro maciço que recobria a arca da aliança. O sumo sacerdote a aspergia com o sangue dos sacrifícios durante a festa anual da expiação. Israel ficava, assim, "expiado", isto é, purificado de seus pecados e consagrado a Deus.[5] "Coberto pelo próprio sangue, Jesus desempenha, em favor de todos os homens, a função outrora desempenhada pelo propiciatório na cerimônia da expiação."[6] O propiciatório judeu ficava guardado no Santo dos Santos do Templo; Jesus, ao ser imolado ("por seu sangue") fica exposto aos olhos do mundo, instrumento de justificação para todos. Em outras palavras: ele é o purificatório colocado no coração do mundo, no qual todos os homens estão convidados a entrar pela fé. Jesus é o redentor porque, em sua morte-ressurreição,[7] ele se tornou para

---

[5] Para entender o significado bíblico da palavra "expiação", ver adiante, p. 63s.
[6] C. Spick e P. Grelot, verbete "Sangue" no *Voc. de Théol. Bib.*, Paris. Cerf, 2ª ed., 1970, p. 1194.
[7] Cf. p. 45-47.

sempre a redenção. Ele é o Salvador, porque, em pessoa, ele é a salvação, no eterno mistério pascal.[8]

As fórmulas frequentes "em Cristo", "Cristo em nós", atestam essa afirmação: ele é, em si mesmo, a salvação que, pela comunhão, torna-se também a salvação dos homens: "vós sois em Cristo Jesus, ... que se tornou redenção" (1Cor 1,30). O mesmo acontece com a expressão "com Cristo", quando ela se refere a sofrimentos, morte e ressurreição compartilhadas com ele.[9] Jesus tornou-se a "ressurreição dos mortos" (Rm 1,4),[10] os fiéis participam da salvação que nele se realizou "Fostes sepultados com ele no batismo, no qual também com ele ressuscitastes" (Cl 2,12). Ele é a salvação que se realiza. Jesus é o "novo Adão, espírito que dá a vida" (1Cor 15, 45). Ele é o primeiro de uma humanidade redimida. Assim a salvação se reveste, apropria-se da morte e ressurreição que é Cristo em pessoa.

A redenção não é, pois, um simples ato realizado no passado, ela se realiza em Cristo e para sempre, em Cristo em sua relação com o Pai. Ela não é um preço pago em vista de um resgate, Cristo, ele mesmo, tornou-se redenção. É verdade que a Escritura fala de um alto preço.[11] Mas a morte de Jesus não foi um preço pago; a morte não tem um ser em si mesma, para que possa ser oferecida.[12] Jesus tornou-se "princípio de salvação" (Hb 5,9), não pelo oferecimento de

---

[8] Romanos 3,24, normalmente é assim traduzido: "Em virtude da redenção realizada em Cristo Jesus" (Bíblia de Jerusalém, T.O.B.), o que sugere que a redenção se encontra num ato do passado. O texto grego diz: "a redenção (que está) em Cristo Jesus", o que sugere que a salvação realizada pela morte de Cristo está na pessoa de Cristo. Acontece que os tradutores se deixam levar pela teologia que professam. E pode ser esse o caso aqui; e seguramente esse é o caso para 2Cor 5,21, onde a T.O.B. acomoda a tradução à teologia da substituição (cf. adiante, p. 74, nota 38).

[9] Rm 6,3-11; 8,17; Ef 2,5s.; Cl 2,11s.; 3,1-4; 2Tm 2,11.

[10] Cf. p. 11.

[11] 1Cor 6,20; 7,23; 1Pd 1,18.

[12] O mesmo se passa com o sofrimento. Quando um cristão diz que oferece seus sofrimentos pela salvação de outrem, ele sofre em Cristo e com ele (Rm 8,17). Ele "aprende a submissão a Deus" (cf. Hb 5,8) e, em Cristo e com ele, torna-se princípio de salvação. Cf. 2Cor 4,10-12; Cl 1,24.

sua morte, mas oferecendo-se a si mesmo (Hb 9,14), morrendo para o Pai. Foi o Pai quem estabeleceu o alto preço,[13] preço muito caro, no duplo sentido da palavra, caro a seu coração, caro por seu valor. Paulo e João produzem a mesma afirmação: "Deus amou tanto o mundo que entregou seu Filho único" (Jo 3,16; Rm 8,32).

Segundo Marcos, 10,45, "O Filho do homem não veio para ser servido, mas para servir e dar sua vida em resgate por muitos". Então, de algum modo, a morte teria sido um preço pago a Deus? A Bíblia afirma repetidas vezes que Deus resgatou seu povo da escravidão do Egito; mas nem por isso ocorre a alguém afirmar que tenha pago um preço a quem quer que seja. Jesus não teve a pretensão de pagar um resgate a Deus, ele apenas se vale de um linguajar bíblico[14] que assim poderia ser traduzido: "Vindo para servir, eu dou minha vida pela salvação de muitos".

Lucas lembra a primeira parte dessa afirmação (vindo para servir). Mas ignora a segunda (dar a vida pela salvação) (22,27). Qualquer que seja a razão dessa ausência,[15] Lucas ignora uma redenção adquirida em virtude de um preço pago. Jesus cumpre sua missão em "uma partida" (9,31), uma "assunção" (9,51), uma entrada na glória (24,26): tudo se realiza na própria pessoa de Jesus.

São João não diz: "É preciso que o filho do homem pague pelos pecados do mundo", mas: "é necessário que seja levantado o Filho do homem" (3,14). Jesus é, em pessoa, a salvação que Deus dá de presente ao mundo que ele tanto ama (3,16). Ele é a luz que veio dissipar as trevas (9,5); ele é a ressurreição (11,25). Ele é o Cordeiro que tira o pecado do mundo, ao batizar o mundo na santidade do

---

[13] O verbo no passivo – "fostes resgatados por um alto preço" – designa o Pai como autor dessa ação.

[14] Cf. A. SCHENKER, "Substituição do castigo ou preço pago pela paz?" in: *La Pâque du Christ, mystère de salut*. Lectio Divina 112, 1982, p. 75-90.

[15] É possível que a segunda parte não pertença ao logion primitivo. Cf. X. LÉON-DUFOUR, *Face à la mort, Jésus et Paul*. Paris: Seuil, 1979, p. 94s.

Espírito (1, 29-33), e não ao se colocar como substituto desses pecados. O Espírito Santo repousa sobre ele (1,32) e não o pecado. A morte redentora é prezada nos escritos de João tanto quanto em toda a pregação apostólica. Jesus é o celeste Cordeiro pascal que será imolado. Todo o evangelho de João está direcionado para a Hora, aquela da páscoa do Cordeiro. Mas o sentido da morte não é nem o de um preço pago, nem o da substituição em favor dos verdadeiros culpados. Jesus, que desde sempre foi santificado pelo Pai (10,36), por sua morte chega ao máximo desse processo de santificação: "A mim mesmo me consagro, para que sejam consagrados na verdade" (Jo 17,19). A obra está "consumada" (cf. Jo 19,30) na pessoa de Jesus, em sua relação com o Pai.

Da carta aos Hebreus será suficiente extrair dois textos: "É ele que, nos dias de sua vida terrestre, apresentou pedidos e súplicas, com veemente clamor e lágrimas, àquele que o podia salvar da morte; e foi atendido por causa de sua submissão, e embora fosse Filho, aprendeu, contudo, a obediência pelo sofrimento, e, levado à perfeição, tornou-se para todos que lhe obedecem princípio de salvação eterna" (Hb 5,7-9). O drama da redenção é seu drama.[16] Ele pede por sua própria salvação, por isso é ele próprio quem é atendido, tornado perfeito pelo sofrimento. Os fiéis são salvos nele, porque ele se tornou a salvação de todos.

O autor escreve ainda: "temos a plena garantia para entrar no santuário, pelo sangue de Jesus. Nele temos um caminho novo e vivo, que ele mesmo inaugurou através do véu, quer dizer: por meio de sua humanidade" (Hb 10,19s.). O sumo sacerdote judeu entrava uma vez por ano no santuário, através do véu que era descerrado, levando consigo um vaso de sangue do sacrifício. Jesus entrou uma vez para sempre no santuário de Deus, por meio de sua carne dilacerada, pela

---

[16] CLEMENTE DE ALEXANDRIA, *Protréptico* X, 110, 2-3, *SC* 178; "Ele se revestiu de carne para realizar o drama da salvação na humanidade. Ele foi seu único ator".

força de seu próprio sangue. Ele foi o "precursor" (6,20), "o pioneiro" (12,2). Agora ele convida seus fiéis a se colocarem "neste caminho novo e vivo", tendo se tornado, em sua própria pessoa, o caminho da salvação.

Em nenhum desses textos, vemos Cristo satisfazendo a justiça de Deus, pagando um preço, ou sofrendo, no lugar dos homens, o castigo pelos pecados. Ele não reconcilia Deus com os homens, "pois era Deus que em Cristo reconciliava o mundo consigo" (2Cor 5,19). A redenção é um dom gratuito, uma obra que Deus realiza. Ele a realiza em Cristo, que se torna o mistério da salvação. Assim como por sua vida e morte Jesus foi "estabelecido Filho de Deus com poder" (Rm 1,4), assim também ele "tornou-se... redenção" (1Cor 1,30), a salvação que se realiza. Graças a sua solidariedade com o mundo, a salvação, própria à pessoa de Jesus, foi estendida a todos.

O Santo solidário com os pecadores

"Ele nos arrancou do poder das trevas e nos transportou para o Reino de seu Filho amado, no qual temos a redenção – a remissão dos pecados" (Cl 1,13s.). Deus gerou seu filho no mundo do pecado, para que ele lhe fosse solidário. Essa solidariedade do Inocente com os pecadores teve como finalidade a justificação deles. Paulo expressou essa verdade em uma frase lapidar: "Aquele que não conhecera o pecado, Deus o fez pecado por causa de nós, a fim de que, por ele, nos tornemos justiça de Deus" (2Cor 5,21). Deus enviou Jesus, o inocente sem pecado (Jo 8,46), "numa carne semelhante à do pecado" (Rm 8,3).[17] "Ele que era de condição divina", foi submetido "à condição de escravo". O Filho, cujo nome é glorioso, chegou ao ponto extremo de se sentir privado da glória, tendo necessidade de pedi-la ao

---

[17] AGOSTINHO, *Ench. ad Laur*, 13,41: "Por causa da carne semelhante à do pecado, o Cristo foi chamado de pecado" (2Cor 5,21).

Pai (Jo 17,1s.). Igualava-se, assim, aos pecadores, a respeito dos quais está escrito: "Todos estão privados da glória de Deus" (Rm 3,23). Jesus compartilhava com eles a condição carnal, própria da criatura em sua fraqueza, fechada em si mesma, sujeita aos "elementos deste mundo",[18] do qual faz parte a Lei mosaica (cf. Gl 4,3), e destinada à morte. Por si mesma a carne é pecadora e é chamada de "carne do pecado" (Rm 8,3).

Homem entre os homens, em "uma carne semelhante à do pecado", Jesus compartilhava, em grau eminente, a vocação de todos, a de se tornarem plenamente, pelo uso da liberdade, aquilo que deles espera o Pai criador: filhos de Deus.

Pela morte e ressurreição, Jesus passa da carne à vida filial no Espírito, que é santidade e justiça divina. Primeiramente "manifestado na carne, ele foi justificado no Espírito" (1Tm 3,16). "Morrendo, ele morreu para o pecado uma vez por todas; vivendo, ele vive para Deus" (Rm 6,10). Esse processo de justificação foi cumprido em favor dos homens: "Ora, ele morreu por todos a fim de que aqueles que vivem não mais vivam para si, mas para aquele que morreu e ressuscitou por eles" (2Cor 5,15). Pela fé que adere a Cristo, "a justificação", própria de Cristo, torna-se, também ela, algo dos homens. Tudo isso foi resumido numa fórmula de extrema concisão: "Aquele que não conhecera o pecado, Deus o fez pecado por causa de nós, a fim de que, por ele, nos tornemos justiça de Deus" (2Cor 5,21). "Por ele", isto é, na comunhão com o Cristo da glória, os fiéis se tornam "justiça de Deus": "ele foi ressuscitado para nossa salvação" (Rm 4,25).

A carta aos gálatas apresenta dois textos paralelos à 2 Coríntios 5,21. Sobre a terra, Jesus estava submisso à Lei mosaica. Era sua missão libertar aqueles que viviam sob o jugo dessa Lei, a fim de que, de escravos, eles se tornassem, nele, filhos de Deus no Espírito Santo (Gl

---

[18] Gl 4,3; Cl 2,8.20.

4,1-7). Assim como Jesus passou de uma carne "semelhante àquela do pecado" à existência segundo o Espírito, passou também da servidão da Lei à liberdade de filho. Unidos a ele os fiéis se beneficiam da "redenção realizada em Cristo Jesus" (cf. Rm 3,24).

Um outro texto da carta aos gálatas (3,10-14) apresenta, de forma dramática, a passagem da escravidão à liberdade filial. Os gálatas julgavam encontrar na observância da Lei mosaica sua salvação ou, pelo menos, uma perfeição última, o que tornaria vã a mediação de Cristo. Vista sob esse aspecto, a Lei mosaica pode parecer um adversário de Cristo. Jesus estava solidário com esse povo sobre o qual pesava a maldição da Lei: "Porque está escrito: 'Maldito todo aquele que não se atém a todas as prescrições que estão no livro da Lei'". Essa maldição recai sobre o próprio Jesus: "Porque está escrito: 'Maldito todo aquele que é suspenso no madeiro'". A Lei levou Jesus à morte. "Nós temos uma Lei, e conforme a Lei, ele deve morrer" (Jo 19,7). Mas Jesus, que morreu pela Lei, morreu também para a Lei: ressuscitou na liberdade do Espírito Santo. O fiel, por sua vez, "morre pela Lei à Lei", na comunhão com o Cristo que vive nele (Gl 2,19s.). Daqui para a frente os pagãos se beneficiam, em Cristo, da bênção de Abraão, que a Lei impedia de chegar até eles, e do dom do Espírito Santo (Gl 3,14).

Esses dois textos da carta aos gálatas servem de comentário à 2 Coríntios 5,21. Em sua existência segundo a carne, Jesus se fez solidário com a humanidade pecadora e com um povo submisso à Lei de Moisés. Morto para a carne e ressuscitado na santidade e liberdade do espírito, ele carrega consigo todos aqueles que a ele se unem pela fé.

São João não fala de uma solidariedade de Jesus com os pecadores. Deslumbrado com sua santidade, ele parece se esquecer da "semelhança da carne de pecado". Jesus deve, ainda, passar deste mundo para o Pai (13,1), de uma existência distanciada à vida no seio do Pai. Se bem que um com o Pai (10,30), ele deve voltar para ele (14,28); celeste, ele deve subir aonde estava (6,62); já consagrado (10,36), ele aspira por uma consagração ainda maior (17,19); realizando obras maravilhosas (11,40), ele pede ao Pai que o glorifique. Nenhuma sombra de pecado pairava sobre ele, "Santo de Deus", contudo ele vive como que em um país longínquo. No momento de começar sua paixão, ele pronuncia palavras semelhantes àquelas do filho pródigo: "Vou-me embora, procurar meu pai" (Lc 15,18). "Vou para meu Pai" (Jo 14,28), fala Jesus; "Levantai-vos! Partamos daqui" (Jo 14,31).

Segundo a carta aos hebreus, a Jesus, que viveu sem pecado (4,15) "convinha... que em tudo se tornasse semelhante aos *irmãos*, para ser, em relação a Deus, um sumo sacerdote *misericordioso e fiel*, para expiar[19] os pecados do povo" (Hb 2,17), a redenção se completou na passagem da humilhação para a glória, através da morte: "Vemos, todavia, Jesus que foi feito, *por um pouco, menor que os anjos*, por causa dos sofrimentos da morte, *coroado de honra e de glória*. É que pela graça de Deus, ele provou a morte em favor de todos os homens. Convinha, de fato, que aquele por quem e para quem todas as coisas existem, conduzindo muitos filhos à glória, levasse à perfeição, por meio de sofrimentos, o Autor da salvação deles. Pois tanto o Santificador quanto os santificados descendem de um só" (2,9-11).

Todos esses textos confirmam: a salvação foi realizada na pessoa de Jesus, em sua morte e sua glorificação. Já que ele foi para sempre glorificado em sua morte, ele é para sempre a salvação que se realiza. Esses textos dizem a mais que Cristo-redenção está integrado na comunidade humana. Entre ele, "Santo de Deus", "que não conheceu o pecado", "o sumo sacerdote... sem pecado" (Hb 4,15) e os homens pecadores, reina uma autêntica solidariedade. Ele não é solidário no pecado, caso em que seria cúmplice, ele é solidário com os homens pecadores. Como eles, ele também deve passar da carne ao Espírito, "ser justificado no Espírito Santo" (1Tm 3,16). Para os homens, esse é um processo de conversão, para ele, um processo de transformação através da morte.

---

[19] Para a compreensão do sentido dessa expiação, veja adiante p. 63ss.

A solidariedade com o mundo pecador era bem mais profunda do que o deixa suspeitar a analogia entre Jesus e os outros homens em sua condição terrestre. Todo homem é solidário com os outros na identidade de uma vivência terrestre, mas somente de Cristo foi afirmado: "um só morreu por todos..., por conseguinte, todos morreram. Ora, ele morreu por todos a fim de que aqueles que vivem não vivam mais para si, mas para aquele que morreu e ressuscitou por eles" (2Cor 5,14s.). Essa condição terrestre de Jesus, única em si mesma, não seria suficiente para a afirmação de uma solidariedade tal que até mesmo aquilo que lhe era muito pessoal e naturalmente incomunicável, a morte e a ressurreição, pudesse ser compartilhado por todos os homens.

Segundo a fé joanina e paulina, foi como o Pai de Jesus Cristo que Deus criou os homens, na relação existente entre eles; ele os criou na perspectiva de uma encarnação salvífica: "Tudo foi criado nele e para ele (o Cristo)". A criação pertence a Cristo como sua origem e seu termo; ele próprio pertence a ela, sendo que "ele é antes de tudo e tudo nele subsiste".[20] Aquilo que lhe era pessoal, torna-se, pela criação, destinado à humanidade criada "nele e para ele". Ele é o Filho para a humanidade, em sua morte filial e em sua ressurreição. Ora, essa humanidade, que o Pai cria em seu Filho, é pecadora. Em seu ser Jesus lhe é solidário, ele a carrega consigo. Ele lhe é solidário não em razão do pecado, mas por sua filiação divina, pelo ato paterno que o gerou no mundo e criou o mundo no mistério dessa geração. Ele é solidário pela filiação divina e, portanto, pela santidade. E ele é solidário não somente durante a paixão, mas por seu ser filial e para sempre.[21]

---

[20] Cl 1,15-17; cf. Jo 1,1-3; 1Cor 8,6. Veja também o capítulo X.

[21] Segundo a teoria da substituição, Jesus é solidário com a humanidade pecadora em razão não de sua santidade, mas dos pecados que, apesar de sua inocência, ele carregava sobre si. Essa solidariedade atingiria Jesus em sua morte. Ora, Jesus é solidário não com os pecados, mas com a humanidade pecadora. E é solidário para sempre. Em seu ser mesmo é solidário com os homens.

No coração do mundo pecador, ele é o fermento de santificação, o contrário do pecado, a inversão daquilo que é aversão aos olhos de Deus. Sua missão o incumbe de "filializar" a humanidade pecadora, pela expiação de seus pecados, de acordo com o sentido bíblico do termo, santificando-a em Deus.

Para se medir o trágico da missão de Jesus, seria supérfluo referir-se à cólera de Deus descarregando-se sobre o Cristo transformado em pecado encarnado. Basta evocar a esmagadora multidão dos pecadores, dos quais é ele quem carrega o fardo, e a santidade de poder ilimitado, à qual ele devia se entregar, necessária para que eles fossem acolhidos, para além da enormidade de seus pecados, e transformados em filhos de Deus. Quanto à cólera de Deus, ela se exerce contra o pecado, e não contra os pecadores: Deus os ama, Jesus nunca se cansou de afirmá-lo. Ela não se volta contra o pecador, principalmente contra o "Filho bem-amado", objeto de suas "complacências",[22] no momento em que completa sua missão: "Por isto o Pai me ama, porque dou minha vida para retomá-la" (Jo 10,17).

A expiação do pecado

"Cristo morreu por nossos pecados, segundo as Escrituras".[23] Poderia surgir a dúvida sobre se uma teologia, na qual tudo se cumpre pela entrada de Jesus na plena comunhão filial, não levaria em conta um aspecto essencial da redenção: a expiação do pecado.[24] Ora, é justamente na teologia do mistério pascal, que não separa morte da ressurreição, mas que explica seu sentido por sua relação à ressurreição,

---

[22] Mt 3,17; 17,6 par.
[23] 1Cor 15,3; Rm 4,25, *passim*.
[24] Já se comentou sobre uma "falha essencial" nessa teologia. R. TREMBLAY: "O homem (Ef 4,13) medida do homem de hoje e de amanhã". *St. Mor* 35 (1997) 104, n. 74. Cf. ibid. 26 (1988) 239-41; 27 (1989) 791-3; 30 (1992) 235s.

que a expiação dos pecados é compreendida em sua verdade bíblica e em sua eficácia.

Na linguagem atual, expiar significa sofrer um castigo proporcional à falta cometida. É assim que se julga que ela foi reparada.[25] De acordo com a linguagem bíblica, é a divindade que, por sua santidade, expia os pecados dos homens.

"... Em numerosas línguas modernas a noção de expiação tende a se confundir com a de castigo... Pelo contrário, para os antigos, quem fala em expiação, fala essencialmente em purificação, com mais exatidão, tornar, daqui para a frente, um objeto, um lugar, uma pessoa agradáveis a Deus, uma vez que, até então, não lhe eram agradáveis... A expiação destrói o pecado reunificando, novamente, o homem com Deus, pelo devotamento".[26]

No dia da expiação (kippur), o sumo sacerdote "expia" o povo de seus pecados, consagra-o pela aspersão do sangue sagrado do sacrifício (Lv 16). O homem não se vê livre de seu pecado pelo fato de que outro satisfaça à justiça divina com seus sofrimentos, do mesmo modo que um homem não se torna imortal pelo fato de outro haver morrido por ele. O pecado não existe em si mesmo, de maneira que possa ser destruído, ou que não seja mais imputado; existem homens pecadores, mortos para a vida eterna: seu pecado é expiado quando Deus converte o pecador, concedendo-lhe que viva em sua santidade vivificante.

No início do evangelho de João, Jesus é designado como o Cordeiro de Deus, o verdadeiro e celeste Cordeiro pascal. Assim sendo, ele tira o pecado de todo aquele que a ele se une. Porque sobre ele

---

[25] Michaelis: *Expiar: Remir (crimes ou faltas) por meio de penitência ou cumprindo pena.* É nesse sentido que os teólogos do tipo jurídico compreendem a expiação. Ora, não é assim que o pecado é reparado, porque um homem pode continuar sendo um criminoso, mesmo depois de sofrer um castigo apropriado.

[26] S. LYONNET, verbete "Expiação", *Vocabulaire de théologie biblique*, 2ªed. Paris: Cerf, 1970, p. 426.

repousa o Espírito de santidade, ele batiza os homens com essa santidade (Jo 1,29-33). No final do evangelho João evoca, novamente, o Cordeiro: "Nenhum osso lhe será quebrado" (19,36). Do lado transpassado correm o sangue do Cordeiro e a água, símbolo do Espírito (Jo 7,37-39) no qual Jesus batiza. O pecado foi tirado, a humanidade foi "expiada" na santidade do Cordeiro imolado: "Vós sabeis que ele se manifestou para tirar os pecados e nele não há pecado" (1Jo 3,5).

A linguagem de Paulo é diferente, mas, no fundo, o pensamento é o mesmo. Jesus é aquele "que não conheceu pecado" (2Cor 5,21); o apóstolo se volta contra aqueles que queriam lançar sobre Jesus uma sombra de pecado (Gl 2,17). Deus o fez "pecado por nós" (2Cor 5,21), isto é, "Deus enviou seu próprio Filho numa carne semelhante à do pecado e em vista do pecado" (Rm 8,3) a ser abolido, e não para ser castigado. Paulo não fala de castigo. Segundo João, Jesus tira o pecado por sua santidade. Também para Paulo Jesus tirou o pecado por seu comportamento contrário ao pecado do primeiro Adão (Rm 5,18s.). "Nele",[27] o homem "se torna justiça de Deus" (2Cor 5,21), na comunhão com a santidade que resplende no Cristo da glória, "ressuscitado para nossa justificação" (Rm 4,25).

Segundo a carta aos hebreus, Jesus "realizou a purificação dos pecados" (Hb 1,3). Ele os purificou com seu sangue, pois "sem efusão de sangue não há remissão" (Hb 9,22). Esse sangue não foi derramado como preço, nem é um castigo sofrido em lugar dos pecadores. Cristo consagrou-se a si mesmo em Deus pelo sangue derramado. "Ele entrou uma vez por todas no Santuário, não com o sangue de bode e novilhos, mas com o próprio sangue, obtendo (assim) uma redenção eterna."[28] Os fiéis são purificados de suas "obras mortas" pela aspersão do santíssimo sangue de Cristo oferecido em um "espírito eterno" (Hb 9,13s.).

---

[27] Lembremo-nos de que a fórmula "em Cristo" refere-se ao Cristo da glória.
[28] Não se deve traduzir "depois de ter adquirido uma redenção eterna".

Resumindo, Jesus tornou-se, em pessoa, a expiação de todos os pecados, "instrumento de propiciação por seu próprio sangue" (Hb 3,25). Santificado em sua imolação, ele é a santificação do mundo: "A mim mesmo eu me consagro, para que sejam consagrados na verdade" (Jo 17,19). A palavra "suprimiu em sua carne a inimizade" (Ef 2,14) vale tanto para a separação com Deus quanto para a separação dos homens entre si. Seu sangue derramado, isto é, ele mesmo em sua imolação, é o sangue da aliança (Mt 26,28 par.), pelo qual o povo pecador é expiado, de acordo com o sentido bíblico do termo.

Esse sangue foi "derramado para remissão dos pecados" (Mt 26,28), para ser o instrumento da remissão dos pecados. Nas numerosas vezes em que a Escritura fala da "redenção, remissão dos pecados" (cf. Cl 1,14), parece que jamais ela se refira a um preço pago ou um castigo sofrido por Jesus para obter a redenção: Jesus em pessoa, em sua imolação, é a remissão dos pecados, o crisol onde se purificam os pecadores. É por isso que Jesus diz: "Tomai e comei! Entrai em comunhão comigo. Este é o meu corpo entregue, o meu sangue derramado pela remissão dos pecados". Na santidade do sangue de Cristo, cuja aspersão eles recebem, na santidade do Cristo imolado, com o qual eles entram em comunhão, os homens são "expiados". Seus pecados são remidos na comunhão com o Cristo em sua santificação. "A mim mesmo me consagro, para que eles sejam consagrados" (Jo 17,19).

E qual seria então o significado dos sofrimentos? Nesse contexto, eles não correspondem a uma exigência da justiça ofendida, não são um castigo sofrido em substituição dos pecadores. Caso contrário, o perdão não seria gratuito; a justiça, compreendida de maneira humana, suplantaria a paternidade de Deus diante do Filho; o amor não seria nem o primeiro nem o absoluto. Mas é preciso acolher o dom da santidade, na qual os pecadores são perdoados. Deus "levou à perfeição, por meio de sofrimentos, o Autor da salvação" (Hb 2,10); "Aprendeu a obediência pelo sofrimento", aprendeu a submissão a Deus e "foi, assim levado à perfeição, tornando-se, para todos os que lhe obedecem, princípio de salvação eterna" (Hb 5,8). Por si mesmos, nem os sofrimentos e nem a morte glorificam Deus. Mas, por meio deles, Deus quer glorificar Cristo e os homens.

A redenção como oração

A última palavra pronunciada por Jesus na cruz, citada por Marcos (15,34), é uma retomada do início do salmo 22: "Deus meu, Deus meu, por que me abandonaste?" De acordo com Lucas (23,46), Jesus morre rezando uma oração do salmo 31, à qual ele faz preceder a palavra "Pai", frequente nesse evangelho: "Pai, *em tuas mãos entrego meu espírito*". Pode parecer uma contradição entre os dois evangelhos: em Lucas, abandono a Deus, em Marcos, abandonado por Deus. Segundo a teoria da substituição, a morte de Jesus deveria ser entendida como uma ruptura entre Deus e o Cristo sobrecarregado pelos pecados do mundo, um abandono por parte de Deus.

Essa oração de Jesus e o grande grito que soltou ao expirar, jamais se darão a esclarecer plenamente. Contudo, os teólogos não têm o direito de interpretar um texto do evangelho em contradição com o sentido que o evangelista lhe deu. Ora, a ideia de um Deus abandonando Jesus não passou pelo pensamento de Marcos (nem pelo de Mateus, que o segue). A narrativa da paixão está entremeada de citações das escrituras, explícitas ou implícitas para mostrar o Jesus que, rejeitado pelos homens, foi o Messias eleito pelo pai. O salmo 22 é citado repetidas vezes com essa finalidade.[29] Ele fala de um justo perseguido pelos homens, maravilhosamente socorrido por Deus. Ele é citado por ser um salmo profético, que se realiza em Jesus. Ninguém pensou jamais que o salmista foi abandonado por Deus; seu clamor é veemente e, contudo, cheio de confiança, e termina na alegria da ação de graça. Na boca de Jesus, teria a citação adquirido um sentido

---

[29] Mt 27,35.39.43 par.; Sl 22,8.9.19.

contrário ao do salmo citado? Foi preciso esperar que se passassem muitos séculos para que esse texto, destinado a apresentar Jesus como o Eleito de Deus, tardiamente fosse interpretado como um abandono, uma rejeição da parte de Deus.

A obra de Marcos tem o seguinte começo: "Princípio do Evangelho de Jesus Cristo, Filho de Deus". E tem seu final com o grande grito de Jesus agonizante e a profissão de fé do centurião "que se achava bem defronte dele, (e) vendo que havia expirado desse modo, disse: 'de fato, este homem era Filho de Deus'" (Mc 15,39). A última oração e o grande clamor comprovam a afirmação inicial: "Jesus Cristo, Filho de Deus".

A aflição de Jesus na cruz, semelhante à do Getsêmani, deve ter sido imensa, mais esmagadora ainda que a do salmista. Mas, como o salmista, Jesus se dirige a "seu Deus", o Deus somente dele, o Deus que o ouve e transformará seu grito de aflição em ação de graças. Pode-se, então, afirmar com certeza, que as duas orações, a de Marcos (Mateus) e a de Lucas, não se contradizem. A carta aos hebreus recorda "os pedidos e súplicas acompanhados com veemente clamor e lágrimas". Deus não responde a eles com o silêncio ou a reprovação. A carta afirma: "ele foi atendido por causa de sua submissão" (Hb 5,7s.).[30]

Pode-se compreender com mais profundidade essa aflição? Jesus conclama seus discípulos a segui-lo. Na comunhão com ele, muitos

---

[30] Muitas vezes se fala de um silêncio de Deus na paixão, silêncio que é entendido como um mutismo diante da aflição de Jesus. No mesmo sentido, fala-se também do "escândalo da cruz". A expressão é de Paulo (1Cor 1,23); de acordo com ele, a cruz é um escândalo para os olhos de quem não enxerga o mistério da cruz. Somente a teologia pode lançar sobre a cruz um olhar de fé. Se há um silêncio de Deus, é o silêncio do amor paciente que não dispara seus raios contra os assassinos de seu Filho. A resposta de Deus não se deixa ouvir pelos ouvidos da carne, o trabalho de Deus se realiza em profundidade e se manifesta aos fiéis pela ressurreição de Jesus. Os evangelistas assinalam que, mesmo durante a paixão, Deus deu sinais de sua presença junto de Jesus: um anjo, isto é, o próprio Deus, reconforta-o no Getsêmani; Deus faz com que a realeza de Jesus seja proclamada na cruz; a natureza cobre-se de luto (Mt 27,45 par.); o véu do Templo rasga-se (Mt 27,51). Deus não se mostrou surdo perante a aflição de Jesus.

deles viveram uma depressão semelhante. Eles, igualmente, dirigiram a Deus um grito angustiado. Eles não haviam sido abandonados. Quando saíram de sua "noite escura", eles se sentiram amparados pelos braços de seu Deus e Pai. Jesus, que sempre se colocara nas mãos de seu Pai, não caiu no vazio no momento de sua morte. O Filho que nascia podia murmurar: "Mamãe, por que me abandonas?" Ela não rejeita, ela dá à luz. Entre o Pai e o Filho operava-se uma distinção radical. Era necessário que um fosse o Pai infinito e o outro o Filho infinito, distinção que não significa uma ruptura, mas uma alteridade absoluta, princípio de comunhão ilimitada. Jesus, que sempre foi o Filho, continua a sê-lo, agora numa receptividade infinita, diante do Pai e da invasão de seu ser pela plenitude divina. Nós já vimos o quanto essa abertura para o infinito lhe foi dolorosa.[31]

Pelas aparências, a morte de Jesus não difere daquela do pecador amaldiçoado pela Lei (Gl 3,13), condenado à morte por causa de seus pecados (Gn 2,17). O olhar do teólogo não pode ser o mesmo que o dos chefes dos sacerdotes, pois eles se detiveram diante das aparências. O caminho de Jesus e o dos pecadores são paralelos, mas numa direção contrária: de uma parte, o caminho de conversão para Deus, de receptividade filial; de outra, é o caminho da aversão, da negação da paternidade de Deus. Os dois movimentos são de uma amplitude inegável. A receptividade filial de Jesus é infinita, indo além da negatividade do pecado, capaz de acolher e absorver em sua santidade a humanidade pecadora. A visão apresentada por João é grandiosa: o Cordeiro imolado tira o pecado do mundo.

Jesus morreu à hora nona (três horas da tarde). Os que nos transmitiram esse detalhe eram judeu-cristãos; eles sabiam o que significava a hora nona: a hora oficial da oração de Israel. Jesus completou sua missão justamente nessa hora, em oração.

---

[31] Cf. p. 43

Em vez de recorrer à analogia da justiça humana, tão diferente da justiça divina, por que a teologia da redenção não poderia se deixar guiar pela analogia da oração?[32] A carta aos hebreus situa o drama da redenção nos moldes de uma prece atendida (5,7-9). Ela o compara à liturgia da entrada no Santo dos Santos, no dia da expiação. O mistério da salvação é uma liturgia em que todos os pecados são perdoados.

Há uma grande analogia entre o ato redentor e a oração. Esta é uma subida até Deus; Jesus aí subiu em favor de todos, tornando-se oração por eles, uma eterna súplica pela salvação deles.[33] A oração é um colocar-se em comunhão; pela morte, Jesus encontra seu Pai, realizando nele a aliança entre Deus e seu povo. A oração é um ato filial, onde o homem se abre à paternidade de Deus, deixa-se "filializar" por ele; Jesus morre gerado em favor de todos. Ele se torna redenção tornando-se oração.

A oração alcança a graça, não porque ela ofereça a Deus dons aos quais ele deveria corresponder com outros dons, mas porque ela acolhe o dom de Deus. A graça da salvação é, igualmente, gratuita, à qual Jesus se abre por si mesmo e pelo mundo. A oração do cristão obtém a salvação para outrem, porque ele se abre à graça e assim se torna, também para o outro, fonte de graça; Jesus diz: "A mim mesmo me consagro, para que sejam consagrados na verdade" (Jo 17,19). O mistério da redenção é o mistério de um homem que, pelo mundo, tornou-se uma oração que foi atendida.

A teologia nada é mais do que uma aproximação ao mistério. Se existem teologias da salvação que não oferecem nenhuma analogia com a oração, e esse é o caso das teologias do tipo jurídico, elas não são senão aproximações de um tipo muito longínquo. É melhor deixá-las para trás.

---

[32] O cristão aprenderia muito mais e com maior alegria que sua morte será, também ela, uma última e melhor oração.
[33] Rm 8,34; Hb 7,25.

Deixar para trás as teologias jurídicas e suas derivações

Nessas teologias, a noção de justiça é a central, mas se trata de uma justiça compreendida ao modo dos homens, e à maneira como eles a exercem em suas demandas. Ora, a justiça de Deus é transcendente, muito outra, a ponto de parecer contrária à justiça dos homens.[34] Ela é idêntica à santidade de Deus que, sobretudo no Novo Testamento, revela-se como um amor sem limites. Uma justiça que é amor não tem por critério nem o mérito que precisa ser recompensado, nem a falta a ser punida. Ela é gratuita (cf. Rm 3,24). Ela se cumpre quando se comunica àquele que a acolhe: "Ele queria manifestar sua justiça no tempo presente, para mostrar-se justo e para justificar aquele que é pela fé em Jesus" (Rm 3,26). Com uma justiça assim, o mérito, que em sua origem era o de Jesus Cristo, consiste em acolher o dom de Deus. As teologias centradas em uma justiça divina mal interpretada ficam afetadas por um vício redibitório. Quem pagou o grande preço da redenção foi Deus, e a expiação dos pecados é feita por ele ao santificar os homens em seu Filho.

Nas teologias de tipo jurídico, a atenção se prende na remissão dos pecados, obtida graças à paixão de Cristo. Ora, os tempos messiânicos foram anunciados também como a restauração de Israel na profusão dos dons do Espírito Santo. Segundo Paulo, Deus inaugura, em Jesus Cristo, uma nova criação: "Passaram-se as coisas antigas; eis que se fez uma realidade nova" (2Cor 5,17). Nessa novidade, o pecado foi abolido. As teorias centradas unicamente sobre a morte não conseguem nem mesmo perceber-se da vitória sobre o pecado. De fato, "Se Cristo não ressuscitou, ilusória é vossa fé... ainda estais em vossos pecados" (1Cor 15,17). O homem que morreu para Deus não retornará à vida só porque alguém morreu por ele.

---

[34] Basta pensar na justiça que praticavam o pai do filho pródigo e o dono que envia trabalhadores a sua vinha, e nos protestos que essa justiça provoca.

Se o essencial estivesse resumido na morte de Jesus, o cristianismo teria sua face voltada para o passado, ao passo que o impulso da fé vai em direção de uma salvação que vai chegar: "Como vos convertestes dos ídolos a Deus, para servirdes ao Deus vivo e verdadeiro, e esperardes dos céus a seu Filho, a quem ele ressuscitou dentre os mortos, Jesus que nos livra da ira futura" (1Ts 1,9s.). Nada será cristão se não estiver orientado para essa escatologia.

Se a morte de Jesus tivesse consertado tudo, tivesse destruído o pecado, por que a exigência atual de um compromisso, "na atividade da fé" (1Ts 1,3), no mistério da morte e ressurreição?" (Rm 6,1-10). Seria, então, suficiente acreditar que Cristo pagou, e confiar, na esperança de que a justiça de Deus se satisfaça com esse preço. Ora, sabe-se que essa teologia da satisfação é contraditória não somente à carta de Tiago, mas a todo o conjunto das Escrituras.

Por que, então, os sacramentos? Seria necessário tão somente o anúncio da morte de Jesus e do julgamento pronunciado sobre a cruz contra o pecado. Nas Igrejas que se dizem "Igrejas da Palavra", a manifestação de uma valorização um tanto esvaziada dos sacramentos está perfeitamente dentro da lógica das teorias jurídicas.

Na lógica dessas Igrejas, a única mediação do Cristo (1Tm 2,5) é compreendida como exclusiva, não deixando espaço para que os fiéis possam participar da redenção do mundo.[35] Somente o Cristo pôde pagar um preço infinito. E, tendo sido pago, por que pretender acrescentar algo a mais? Mas, a mediação de Cristo, mesmo sendo única, não é exclusiva. Ela é rica, englobante. O Cristo faz da Igreja seu corpo e concede-lhe participar de seu mistério pascal. A alegoria da vinha e dos sarmentos é uma adequada ilustração. São Paulo tem

---

[35] O modo de entender a mediação de Cristo, como exclusiva ou inclusiva, é um ponto de divergência entre teólogos protestantes e tradição católica, difícil de ser superado. Na prática, a tradição católica mostra-se sempre inspirada pela mediação inclusiva, malgrado a teologia jurídica tenha se imposto durante muito tempo.

consciência de comungar com Cristo em sua morte e sua ressurreição para a vida da Igreja (2Cor 4,10-12).

Enfim, uma última crítica, e a mais grave: esses teólogos não levam em consideração o aspecto trinitário da redenção.[36] Aí, Deus não é mais o Pai, ele se identifica com uma justiça que reivindica seus direitos. Ele não é mais o Pai que gera, sua justiça exige a imolação do Filho. Não se trata mais do Pai que ama o primogênito, pois é preciso reconciliá-lo com os homens, ao contrário do que se lê: "Pois era Deus que em Cristo reconciliava o mundo consigo" (2Cor 5,19). A iniciativa que lhe caberia como Pai, é assumida por Cristo. Na teoria da substituição, Deus, que havia dito: "Tu és meu Filho amado, em ti me comprazo" (Mc 1,11), volta-se contra o Filho no momento em que Jesus cumpre filialmente a missão recebida de seu Pai.

Quanto a Jesus, ele é considerado como o homem-Deus, sem se precisar que ele é o homem-Filho de Deus. Para ele, não existe um Pai, a cuja paternidade ele se submete, mas apenas o Deus da justiça. Ele não é o Filho que se entrega, mas apenas o homem-Deus que oferece um preço infinito, tratando o pai de igual para igual: um paga, o outro retribui. Na teoria da substituição, ele é menos o Filho em sua santidade, do que o culpado universal. Ora, é um fato notório: enquanto os homens mais religiosos sentem-se pecadores diante de Deus, Jesus jamais manifestou um sentimento de culpabilidade, nunca teve consciência de nenhum pecado. Ele é o Filho amado (Jo 3,35) que sempre está na casa do Pai (Jo 8,35).

Quanto ao Espírito Santo, o normal é que esteja ausente, pois ele é comunhão, noção estranha ao modo de pensar jurídico. Sua ausência na teologia da redenção pode ter sido a causa do secular

---

[36] É verdade que os teólogos modernos, que retomaram a teoria da substituição, situam o mistério da redenção justamente na Trindade, mas às custas da imagem tradicional da Trindade. Eles introduzem nessa imagem uma ruptura, que, de acordo com eles, teria acontecido entre o Pai e o Filho.

eclipse do Espírito na teologia ocidental. O Espírito é a santa justiça do amor. Uma teoria, onde a justiça não é amor gratuito, deixa de fora o Espírito Santo. Mas, ao negligenciar o "Espírito da verdade, que ensina todas as coisas" (Jo 14,17s.), essa teoria se coloca distante da verdade.[37] A teoria da substituição fala de uma morte-ruptura. Nega, assim, a presença do Espírito na morte de Jesus, porque o Espírito Santo é comunhão. Por isso ela ignora a filiação de Jesus em sua morte, Jesus era Filho de Deus no Espírito Santo. Essa seria a morte de um pecador, e qual seria seu valor salvífico?

A imagem de Deus apresentada pela teoria da morte substitutiva é estranha. Jesus torna-se como que um refém. E não é um procedimento bárbaro o costume de se fazer reféns? O Deus da verdade considera o Cristo como culpado, em detrimento da verdade. O "Pai justo" (Jo 17,25) pratica uma justiça que entra em contradição com a justiça divina, a qual, segundo a Bíblia, acontece pela comunicação; uma justiça que entra em contradição com toda justiça, pois quem ela castiga é o inocente. Esse Deus não pode ser senão um Deus pelo contrário.

Nenhum texto, a menos que seja mal traduzido ou mal interpretado, ao que parece, aporta algum suporte a essas teorias. O principal texto evocado, 2 Coríntios 5,21, não possui o sentido que elas lhe atribuem.[38] Gálatas 3,13 é claro: a maldição que atinge o Cristo, não

---

[37] Verifica-se que as teorias que prestam pouca atenção à ressurreição de Jesus são fragmentárias, sem coerência (cf. p. 7). Geralmente elas nem mesmo levam em consideração o Espírito Santo. O Espírito é um mistério de comunhão; ele é também o princípio de coerência para o pensamento teológico.

[38] Ver nas páginas 53, 58-60. É, sem dúvida, sob a influência da teologia da substituição que a TOB traduz 2Cor 5,21: "Ele se identificou com o pecado, a fim de que por ele nós nos tornássemos justiça de Deus". Essa tradução é duplamente errônea. Paulo escreve: "Ele se fez pecado", o que é explicado por Rm 8,3: "Deus, enviando seu próprio Filho numa carne semelhante à carne do pecado". Se ele é "idêntico com o pecado", ele é como o pecado encarnado. Paulo escreve: "A fim que, por ele, nos tornemos justiça de Deus", como é próprio de uma teologia da comunhão, na qual os fiéis comungam com a justiça do Cristo morto e ressuscitado. "A fim de que por ele..." é compatível com a teoria da substituição, mas é uma tradução falha.

vem de Deus, mas da Lei considerada como hostil à fé. Todo exegeta sabe que João 1,29 deve ser traduzido como: "Eis o Cordeiro de Deus que tira o pecado do mundo" e não "que carrega". Ele o tira por sua santidade de Cordeiro pascal celeste, sobre o qual repousa o Espírito Santo. Ele não tem a função de bode expiatório que carrega consigo os pecados.[39] O texto de 1Pedro 2,24: "Sobre o madeiro, *levou nossos pecados* em seu próprio corpo" deve ser interpretado como uma linguagem figurada. O inocente não pode carregar consigo os pecados dos outros, pois eles não existem em si mesmos, descartáveis: só se carregam os pecados dos quais se tem responsabilidade. É o fardo dos homens pecadores que Jesus carregava, com o quais ele se solidarizava na santidade consagradora de sua filiação divina.[40]

O sentido da morte começa a se manifestar desde o início do ministério de Jesus. Ele é o Cordeiro de Deus que tira o pecado por sua santidade (Jo 1,29). Ele se deixa batizar "para cumprir toda a justiça" (Mt 3,15.17), esta justiça que ele cumprirá em sua morte. Ele anuncia a Boa Nova do Reino (Mt 1,15), onde "tudo será perdoado aos filhos dos homens, os pecados e todas as blasfêmias" (Mc 3,28). Ao fim de seu ministério, Jesus se torna, em pessoa, a Boa Nova do "Reino... no qual temos a redenção, a remissão dos pecados" (cf. Cl 1,14). Em tudo isso não entra a questão de um preço pago para satisfazer a justiça ofendida, nem de morte vicária. Assim como "a morte foi ab-

---

[39] O verbo utilizado em Jo 1,29 pode significar tanto tirar como carregar. O evangelista o utiliza sempre com o sentido de tirar. Jesus é o Cordeiro de Deus, ele não é comparado ao bode. Ele é o Cordeiro pascal de Deus: todo o evangelho de João está voltado para a páscoa de Jesus, sem alusão à festa do kippur e, portanto, ao bode expiatório.

[40] 1Pd 2,24 é uma alusão a Isaías 53,12. Mateus 8,17 é um outro texto concernente ao servidor de Iahweh: "E, no entanto, eram nossas enfermidades que ele levava sobre si, nossas dores que ele carregava" (Is 53,4). Mateus o aplica a Jesus que curava as doenças. Seria então o caso de se concluir que ele curava os doentes tornando-se doente como eles? Ele assumiu para si as doenças curando-as por seu poder. Ele assumiu os pecados abolindo-os por sua santidade e sua morte.

sorvida na vitória" (1Cor 15,54), também foi absorvido o pecado na santidade que, em Cristo, fez sua irrupção neste mundo.

A santidade santificante de Deus é o principal, as considerações sobre os pecados a serem expiados são secundárias. Essa santidade é um amor sem fronteiras; totalmente gratuito; ela invadiu o mundo antes de qualquer reparação do pecado. Este foi reparado, foi abolido no acolhimento dado ao amor. Jesus é o mediador desse acolhimento.

As teorias, em que o pecado a ser reparado é o suporte do pensamento, fazem o sol girar ao redor da terra. É o amor que é o primeiro e o que move todas as coisas, tanto a terra como o céu.

V
PÁSCOA E PARUSIA

Se com a cruz tivesse colocado tudo em seus devidos eixos, Cristo não seria mais necessário, nem hoje, nem amanhã. Tendo adquirido os méritos, bastaria que ele delegasse à Igreja poderes para aplicá-los aos fiéis. Dentro de semelhante visão das coisas, a parusia não teria a mínima importância, não passando de um encerramento da história, durante o qual Cristo haverá de confirmar, por um solene julgamento, a salvação de uns e a condenação de outros. Após o que, a porta se fechará. Assim, pouco ou menos do que a ressurreição, a parusia não teria um lugar importante a ser ocupado no mistério da salvação. Ora, para as primeiras comunidades cristãs, a parusia era o esperado dia da salvação: "vos convertestes dos ídolos a Deus, para servirdes ao Deus vivo e verdadeiro, e esperardes dos céus a seu Filho, a quem ele ressuscitou dentre os mortos, Jesus que nos livra da ira futura".[1]

Para ser salvo, o homem deve reencontrar-se com aquele que é a salvação. Os méritos de Cristo não são coisas a serem distribuídas. Merecer é abrir-se ao dom de Deus, abrir-se ao próprio Deus. Ao morrer, Jesus entregou-se infinitamente a Deus; e essa é uma realidade que não pode ser distribuída. O mérito de Cristo é nascer para a plenitude da filiação, e isso também não pode ser distribuído. A salvação

---

[1] 1Ts 1,9s.; cf. Rm 8,23; 13,11; 1Cor 1,7-9.

realizou-se em Jesus, é própria de sua pessoa. Cristo é, efetivamente, o salvador do mundo, à medida que ele vem e se doa ao mundo. A parusia é "dia de redenção".[2] Será então que a filiação vai ser conferida (Rm 8,23). A esperança se firma sobre a parusia: "recordamos, sem cessar, aos olhos de Deus, nosso Pai, a atividade de vossa fé, o esforço de vossa caridade, e a confiança de vossa esperança em nosso Senhor Jesus Cristo" (1Ts 1,3). A graça age nos fiéis atraindo-os para o Cristo que vem: "É fiel o Deus que vos chamou à comunhão com seu Filho Jesus Cristo, nosso Senhor (em seu Dia)" (1Cor 1,9); "vos chamou a tomar parte na glória de nosso Senhor Jesus Cristo" (2Ts 2,14). Muitos membros da comunidade de Tessalônica já haviam morrido. Os que ainda estavam vivos acreditavam que eles estavam condenados, porque haviam morrido antes da parusia final. Paulo assegura que a parusia será também para eles (1Ts 4,13-18). Se não fosse assim, na verdade eles estariam condenados.

O Senhor do Dia

"Senhor" é o título dado a Jesus tanto em sua ressurreição como na parusia. O último dia, assim como o domingo, que comemora a ressurreição de Jesus, são chamados "o Dia do Senhor".[3] Um só nome para designar dois aspectos diferentes de um mesmo mistério.

O poder da ressurreição colocou Jesus imediatamente no coroamento da história. Fez dele a salvação em sua plenitude universal e final. Em Jesus, tudo encontra sua realização: sua ressurreição é a ressurreição dos mortos (Rm 1,4);[4] o último julgamento já foi pronunciado: "É agora o julgamento deste mundo".[5] A cena escatológica de

---

[2] Ef 4,30; cf. 1,14.
[3] Ap 1,10; 1Cor 1,8.
[4] Cf. p. 11.
[5] Jo 12,31; 16,8-10.

todo joelho se dobrar, de toda língua proclamar o senhorio de Jesus, é consequência da obediência até a morte (Fl 2,8-11). Em sua glória pascal, Jesus é o Senhor do Dia. A ressurreição do Filho único não é somente uma antecipação e uma profecia, em si mesma ela é o mistério escatológico, pois Deus fez nele habitar "corporalmente toda a plenitude da divindade" (Cl 2,9). Em Jesus ressuscitado a redenção final está no coração do mundo.

Também os fiéis assumiram a consciência de que "a noite avançou", e que eles devem, "como de dia, andar decentemente" (Rm 13,12s.). No adiantado da noite, o dia já desponta: "Vós sabeis, perfeitamente, que o dia do Senhor virá como ladrão noturno... Vós, porém, meus irmãos, não andais em trevas, de modo que esse Dia vos surpreenda como um ladrão; pois que todos vós sois filhos da luz, filhos do Dia" (1Ts 5,2-5). Na comunidade, a presença de Cristo deve ser, a um só tempo, objeto de experiência e de esperança: "Deus quis tornar conhecida... a riqueza da glória deste mistério, que é Cristo em vós, a esperança da glória!" (Cl 1,27). De uma parte "vós sois filhos da luz" pois estais "em Cristo" (1Cor 1,30); de outra, "o dia está próximo" (Rm 13,12), embora sua presença ainda esteja velada, adaptada à Igreja ainda terrestre. Mas a luz atravessa o véu: a presença está próxima e ela vem.

O Senhor que vem

A Escritura utiliza, especialmente, dois esquemas para expressar o sentido da glorificação de Jesus: o esquema da exaltação e o da ressurreição. Reunindo-se os dois, torna-se mais fácil a compreensão dessa presença que vem.

Jesus foi exaltado acima da terra (Jo 12,32), glorificado em Deus (Jo 17,5), "grandemente sobre-exaltado" (Fl 2,9), acima de "todo nome que se pode nomear" (Ef 1,21). Ele não está "mais no mundo" (Jo 17,11), ele está além, aparentemente ausente. Sem contradizer o esquema da exaltação, o da ressurreição afasta a ideia de ausência. Aquele que, pela morte, deixou o mundo, Deus o devolve a ele pela ressurreição, agora marcado pela morte para o mundo. Jesus é, ao mesmo tempo, tirado e doado, no além e vindo deste além. Esse movimento duplo é também simultâneo, os dois aspectos mutuamente se condicionam: Jesus vem porque está além, e porque ele está num além onde se tornou "espírito vivificante" (1Cor 15,45), é um ser que perpetuamente se doa a si mesmo. A vinda é aquilo que é próprio da morte glorificante em si mesma. Morte, ressurreição e parusia constituem um único mistério. Em sua morte e sua ressurreição, Jesus é, ao mesmo tempo, o acontecimento salvífico e sua realização, a salvação em sua realização sempre atual e em sua difusão.

Jesus havia anunciado o Reino de Deus. Deixara subentendido que o Reino aconteceria em sua pessoa: "se é pelo dedo de Deus que eu expulso os demônios, então o Reino de Deus já chegou a vós" (Lc 11,20; cf. 17,21). Mas devia ser por meio de muito sofrimento o caminho para o Filho do Homem "se levantar" (Mc 8,31). O que estava sendo anunciado com mais clareza não era tanto a ressurreição dentre os mortos, mas o acontecimento messiânico, apesar de os discípulos não terem compreendido que Jesus "devia ressuscitar dos mortos" (Jo 20,9). O acontecimento se dará "após três dias". Em seguida: "Como o relâmpago lampeja de um ponto do céu e fulgura até o outro, assim acontecerá com o Filho do Homem em seu Dia. Mas será preciso primeiro que ele sofra muito" (Lc 17, 24s.). Fundindo em uma só imagem a exaltação ao céu e sua vinda, que é a do Reino, Jesus afirma, segundo Mateus 26,64: "De ora em diante vereis o Filho do Homem sentado à direita do Poderoso e vindo sobre as nuvens do céu". *Em nenhuma palavra de Jesus ressurreição e parusia mostram-se como acontecimentos distintos.*

Ao morrer, Jesus vai, e volta pela ressurreição: "Vou para o Pai" (Jo 14,12). "Eu virei a vós" (Jo 14,18). No dia de Páscoa, "Jesus veio" (Jo 20,19.24.26). Ele desaparece ao morrer e aparece ressuscitado:

"Um pouco de tempo e já não me vereis, mais um pouco de tempo ainda e me vereis" (Jo 16,16), como nunca havia sido visto. Ele não aparece após a ressurreição, mas na ressurreição.[6] As aparições não são um fenômeno secundário e transitório.[7] Ele está glorificado não somente em Deus, mas no mundo. Ao ressuscitá-lo, "Deus o ressuscitou ao terceiro dia e fez que se manifestasse" (At 10,40). Ressuscitado, Jesus vem e aparece.

No início Jesus possuía uma existência "nas condições da carne", da qual sabemos que era limitada em si mesma. Embora estivesse, já desde o início, sob a influência do Espírito, suas possibilidades de presença e de dom de si eram restritas. Ele não havia sido enviado a não ser paras as ovelhas perdidas de Israel (Mt 10,6). Vivia com seus discípulos, no meio deles. Agora ele é enviado para todas as nações (Mt 28,19), e vive nos corações dos discípulos: "Nesse dia compreendereis que estou em meu Pai e vós em mim e eu em vós" (Jo 14,20). Ele se tornou, então, uma dedicação universal, com um envio ilimitado e doação total.

Essa foi, nele, a obra do Pai no poder do Espírito. O Pai envia Jesus, ao ressuscitá-lo: "Para vós, em primeiro lugar, Deus ressuscitou seu servo e o enviou para vos abençoar" (At 3,26). Como Pai foi que ele o enviou: Jesus é "aquele que o Pai consagrou e enviou ao mundo" (Jo 10,36). O Pai o envia, ao ressuscitá-lo no mundo, gerando-o. A consagração torna-se, então, total (Jo 17,19), e o envio universal, em uma plenitude de geração. Tudo acontece no Espírito Santo, no qual o Pai ressuscita Jesus (Rm 8,11), e que é poder de geração. Apoderado por ele, Jesus se transforma em "espírito vivificante".

---

[6] Cf. p. 28.

[7] Certamente que as aparições aos primeiros discípulos são de natureza única, pois são fundadoras da Igreja. Uma vez fundada a Igreja, é em sua sacramentalidade que Jesus se faz ver.

É marcante o fato de que, desde os primórdios do cristianismo, os discípulos haviam compreendido que Jesus "morreu por nós". A fórmula nunca teve o significado de que ele tenha morrido em nosso lugar. Se ele tivesse morrido em lugar da humanidade, qual seria o proveito para esta? Pode um homem se oferecer para morrer em lugar de um amigo, e nem por isso este se tornará imortal. A fórmula significa: morreu em nosso favor. Poder-se-ia, talvez, interpretar: sua morte foi o preço pago por nosso resgate. Mas Paulo escreve: "Um só morreu por todos" (2Cor 5,15). A ressurreição não foi um preço pago, e a morte também não pode ser assim interpretada. Em sua morte e sua ressurreição, Jesus *existe* para nós; na salvação realizada em sua pessoa, ele "existe-para", por todos. Em seu ser salvífico de morte e de ressurreição, ele vem, ele se doa.

A eucaristia, sacramento eminente do mistério pascal, revela o sentido deste "para nós": "Isto é o meu corpo que é para vós" (1Cor 11,24), tomai pois e comei, pois isto que sou em minha páscoa, eu o sou para vós. Enquanto a chegada ainda está escondida, a eucaristia alimenta o desejo. Os fiéis dizem: "Marana tha! Vem, Senhor Jesus!"

Cristo não vem como que num retorno. Ele ressuscita sem renegar o mistério da morte pela qual ele deixa o mundo. A volta não anula a partida, ela não é um retorno.[8] A eucaristia é o sacramento da presença real de alguém que está ausente, que não é deste mundo, a não ser pelo pão e pelo vinho que lhe emprestam a visibilidade.

Jesus vem ao encontro, atraindo tudo a si: é por um apelo criador que ele faz nascer a Igreja, dando-lhe uma dimensão escatológica. Foi assim que Jesus, desde o início, foi atraído para seu glorioso nasci-

---

[8] "Retorno" é, pois, um modo de falar impróprio. Melhor seria falar de "vinda", "advento". Por outra parte, a palavra "parusia" não significa "retorno". A ressurreição não é um retorno, muito menos a parusia. Dizer "retorno" é supor que Cristo estava ausente, ao passo que ele prometeu: "Eu virei a vós" (Jo 14,18). É também supor que ele volta ao ponto de partida, que ele anula sua partida, o mistério de sua morte. Ele não volta, ele vem.

mento pascal pelo poder do Espírito Santo. É assim, também, que o pão e o vinho são atraídos, pelo mesmo poder, para o Cristo, para se tornarem o sacramento da refeição escatológica.

Algumas vezes o tempo da Igreja é mostrado como uma duração intercalada entre o mistério da redenção e a parusia futura. Da redenção situada no passado, onde ela tem sua origem, a Igreja caminharia sobre esta terra, até o retorno de Cristo. Ora, o mistério pascal é o acontecimento escatológico, no qual a Igreja tem sua fonte e encontrará sua perfeição. Cristo, em sua páscoa, é, para ela, o alfa e o ômega ao mesmo tempo. O termo e o ponto de partida fazem um só todo. Em um mesmo movimento, sem ser dividida em dois segmentos opostos, ela caminha em direção a seu termo, a parusia. E para sua fonte Jesus, em sua morte e sua ressurreição, que é a "ressurreição dos mortos". Ela caminha do primeiro encontro de comunhão para a comunhão total, de sua ressurreição inicial em Cristo para a ressurreição total em Cristo.

A parusia é o próprio mistério pascal em seu impacto sobre o mundo, o "para nós" da morte e da ressurreição em sua efetiva realidade. A páscoa de Jesus funda a Igreja e a leva a seu termo. O domingo é "Dia do Senhor", aquele Dia do Senhor em sua ressurreição, e aquele Dia do Senhor em sua parusia final. Ele é, ao mesmo tempo, considerado o primeiro e o oitavo dia da semana cristã. Ele é o dia da eucaristia, que é o sacramento da páscoa de Jesus e de sua presença que vem.

Sendo o dia da páscoa e da parusia, é também o dia da efusão do Espírito Santo.

Ele batiza no Espírito Santo

Deus envia Jesus no momento de sua ressurreição; e ele o ressuscita na superabundância do Espírito Santo e o envia para difundir o Espírito: "Para vós, em primeiro lugar, Deus ressuscitou seu servo, e o enviou para vos abençoar" (At 3,26) com essa bênção que é o dom do Espírito Santo (cf. Gl 3,14) e que, antes desse dia, ainda não havia sido concedida: "Não havia ainda Espírito, pois Jesus não fora ainda glorificado".[9]

Os profetas haviam anunciado a efusão do Espírito Santo como algo semelhante a uma chuva purificadora, uma fonte que borbulha.[10] Ele é "a promessa do Pai",[11] a "promessa do Espírito".[12] Jesus morreu para ressuscitar (cf. Jo 10,17), morreu para entrar em sua glória (Lc 24,46) que é o Espírito Santo,[13] e para comunicar este mesmo Espírito: "Exaltado pela direita de Deus, recebeu do Pai o Espírito Santo, objeto da promessa, e o derramou" (At 2,33). Jesus morreu para difundir o Espírito Santo.

Segundo o evangelho do Cordeiro de Deus, sobre quem repousa o Espírito Santo (Jo 1,29-33), Jesus promete que, no coração daquele que acreditar, derramará o Espírito, como uma fonte que jorra água para a vida eterna (Jo 4,14). Mais tarde, ele vai convidar a se beber a água que escorrerá de seu próprio lado. Era a festa das Tendas, na qual se celebrava a lembrança da fonte que surgiu do rochedo, fonte que vai jorrar no tempo do Messias. "No último dia da festa, que é o mais solene, Jesus, de pé, disse em alta voz: 'Se alguém tem sede, venha a mim e beba. Quem crê em mim, como diz a Escritura, de seu seio jorrarão rios de água viva'. Ele falava do Espírito que deviam receber os que nele cressem; pois não havia ainda Espírito, porque Jesus não fora ainda glorificado" (Jo 7,37-39). A rocha estava ali, era preciso tão

---

[9] Jo 7,39. O evangelista não pretende afirmar que o Espírito ainda não existia e também que ainda não agia (cf. Jo 1,32s.), e sim que ele ainda não havia sido doado como o foi na pessoa de Cristo. Aqui surge a questão da diferença entre a graça do Antigo e do Novo Testamento.
[10] Is 32,15; 44,3; Ez 36,25-27 *passim*.
[11] Lc 24,49; At 1,4.
[12] At 2,33; Gl 3,14.
[13] Cf. p. 24.

somente que fosse tocada para que dela as águas brotassem. Chegada "sua hora de passar deste mundo ao Pai" (Jo 13,1), Jesus renova a promessa e anuncia seu cumprimento.[14] O último suspiro do crucificado significa o Sopro divino que ele, elevado, derrama sobre a terra (Jo 19,30). A água que escorre de seu lado, com o sangue, confirma a promessa da festa das Tendas.

Enquanto vive sobre a terra, Jesus derrama o Espírito: "É de vosso interesse que eu parta, pois, se eu não for, o Paráclito não virá a vós. Mas, se eu for, enviá-lo-ei a vós" (Jo 16,7). O Espírito está no alto, é a santidade divina em sua expressão, sua fonte é o Pai celeste. Ora, esse dom da salvação é concedido quando a salvação se realiza: na humanidade do Filho. É preciso que Jesus, em sua humanidade, seja glorificado junto ao Pai, é preciso que ele se torne celeste em seu corpo. Então "de seu seio jorrarão rios de água viva" (Jo 7,37). Moisés bateu no rochedo e as águas correram; a lança do soldado abriu o lado de Cristo elevado acima da terra, os rios do Espírito inundaram o mundo. Os homens "olharão para aquele que traspassaram" (Jo 19, 37), e o olharão até o último dia (Ap 1,7) e são convidados a beberem na fonte do lado aberto.

O Espírito não é um dom como um brinde que se oferece, algo estranho à pessoa do doador. É um dom inseparável da pessoa do doador. Jesus dá o Espírito Santo do qual ele vive, no qual ele é o Filho: ele o dá por sua vinda, ao doar-se: "No primeiro dia da semana... Jesus veio e se colocou no meio deles". Mostrou suas chagas, a ferida de seu lado, de onde, ele havia dito, haveriam de jorrar os rios do Espírito (Jo 7,37-39), de onde havia escorrido a água, símbolo do Espírito. O Sopro de Deus, anunciado pelo último suspiro do crucificado (Jo 19,30), espalhou-se por sobre os discípulos: "Soprou sobre eles e lhes disse: 'Recebei o Espírito Santo'" (Jo 20,22). Sua vinda ao meio de-

---

[14] Jo 14,16s.; 15,26s.; 16,7-15.

les, anunciada, foi a portadora do Espírito prometido (Jo 14,17s.). O Espírito de comunhão (2Cor 13,13) é dado na comunhão com o Cristo em sua vinda, para sempre inseparável do Filho que o Pai gera no Espírito Santo e envia no Espírito Santo.

É enquanto Filho que Jesus é doador, em sua abertura para o Pai, fonte do Espírito. Os homens recebem o Espírito por sua união com Cristo, por sua receptividade, formando um só corpo com ele na morte, onde o Pai o cumula com o Espírito Santo. O conjunto dos homens, assim unidos em Cristo e no Espírito Santo, chama-se Igreja.

VI
O NASCIMENTO DA IGREJA

O falar sobre a Igreja, após ter tratado de Cristo em sua páscoa e sua vinda, não se constitui em novo ou diferente discurso. Jesus ressuscitado é multidão. O mistério pascal, com sua dimensão de parusia, é também um mistério eclesial. Ressuscitado, Jesus vem ao mundo em seu corpo que é a Igreja.

A Igreja, corpo de Cristo em sua vinda

Já quando vivia na terra, Jesus era um ser em aberto, potencialmente uma comunidade de salvação. O Reino de Deus, que desde os dias de João Batista preparava seu caminho (Mt 11,12), trabalha nele com poder (Lc 11,20). Jesus reúne doze jovens a seu redor, símbolo do novo Israel das doze tribos. Estão iniciadas as núpcias messiânicas (Mc 2,19 par.), o grão de mostarda foi semeado, "o Reino de Deus está no meio de vós" (Lc 17,21).

Mas o Reino ainda deverá vir: "Aqui estão presentes alguns que não provarão a morte até que vejam o Reino de Deus chegando com poder" (Mc 9,1). Presente na pessoa de Jesus, é em sua pessoa que ele virá com poder. A chegada da comunidade messiânica havia sido anunciada como um Filho do Homem vindo sobre as nuvens do céu (Dn 7,13); Jesus encarna o símbolo, atribui a si mesmo o título de

Filho do Homem e, ao iniciar sua paixão, declara: "de ora em diante, vereis o *Filho do Homem sentado à direita do Poderoso, vindo sobre as nuvens do céu*".[1]

Pouco antes de sua morte, depois que a multidão já o havia aclamado, alguns pagãos exprimiram o desejo de encontrar Jesus. A alegria de Jesus se manifesta: "É chegada a hora em que será glorificado o Filho do Homem" (Jo 12,23). Essa glória consistirá em que produza "muito fruto" (Jo 12,24).[2] "Em verdade, em verdade vos digo: se o grão de trigo que cai na terra não morrer... mas se morrer produzirá muito fruto" (Jo 12,24). Semelhante ao grão de trigo, Jesus morrerá e ressuscitará, ao mesmo tempo, ele mesmo e uma multidão.

Jesus desafia os chefes dos sacerdotes: "Destruí este templo, e em três dias eu o levantarei" (Jo 2,19). O templo "feito por mãos humanas" (Mc 14,58), eles o destruíram; o véu do templo que se rasgou anuncia essa destruição (Mc 15,38). Jesus o reconstruirá "em três dias". Ressuscitado, ele será a casa de Deus no meio de seu povo, o lugar de reunião e do reencontro de Deus, do sacrifício e do louvor. Este templo não será feito "por mãos humanas" (Mc 14,58), o culto será celebrado em espírito e verdade (cf. Jo 4,23).

Na pessoa do "Senhor da glória", o Reino "vem com poder", com o mesmo poder que ele é. Ele é o espaço onde Deus reina sem contestação. Por isso é que se pode falar de um "Reino de seu Filho bem-amado" (Cl 1,13), pois é o próprio Filho que é o Reino. À medida que a Parusia invade o mundo, a Igreja terrestre começa a fazer parte do Reino. Ela é sua presença inicial e progressiva, preparando seus membros para se tornarem plenamente Reino de Deus.

---

[1] Mt 26,64; Mc 14,62.
[2] A fórmula "em verdade, em verdade" confirma sempre a palavra precedente: "O Filho do Homem será glorificado. Em verdade, em verdade vos digo... produzirá muito fruto".

São Paulo escreve que a Igreja é o corpo de Cristo. Durante certo tempo, foi comum comparar a sociedade humana ao corpo do homem, onde cada membro desempenha sua função para o bem do conjunto. Paulo recorre a essa comparação (1Cor 12,12-26), mas vai muito além, pois para ele a Igreja é o corpo do Cristo ressuscitado: "o corpo é um, não obstante tem muitos membros, mas todos os membros do corpo, apesar de serem muitos, formam um só corpo. Assim também acontece com Cristo... vós sois o corpo de Cristo e sois seus membros, cada um por sua parte" (1Cor 12,12.27). A multidão foi assumida e unificada em Cristo pelo poder daquele que o ressuscita, isto é, do Espírito: "pois fomos todos batizados num só Espírito para ser um só corpo" (1Cor 12,13). Os fiéis são reunidos num só corpo que é preexistente à reunião: eles são batizados *para*[3] Cristo, eles se "revestem" dele (Gl 3,27), tornam-se todos "um só em Cristo" (Gl 3,28). Cristo é o Senhor da "Igreja que é seu corpo" (Ef 1,22s.).

Paulo é o único a definir a Igreja como corpo de Cristo. Pode ser que ele tenha tido essa intuição graças a sua experiência da eucaristia: "o cálice da bênção que abençoamos, não é comunhão com o sangue de Cristo? (com o sangue de Cristo e entre os fiéis). O pão que partimos, não é comunhão com o corpo de Cristo? Já que há um único pão, nós, embora muitos, somos um só corpo", o de Cristo (1Cor 10,16s.).

A Igreja tem sua origem na ressurreição de Cristo, e não depois dela. O templo não foi reconstruído depois da ressurreição, o grão que morre renasce multiplicado. Gerando o Filho na glória, Deus o gera multiplicando-o, a multidão "é ressuscitada-com" (cf. Cl 2,12). Deus dá ao Filho morto por todos um corpo, o seu, que é também a Igreja. A Igreja está, assim, sempre em sua origem, pois o Cristo vive para sempre no instante de seu nascimento para a eterna plenitude.

---

[3] A preposição grega sugere um *movimento para*, que une a Cristo.

O mistério da Igreja pode ser compreendido através, também, de outra imagem, que completa a imagem do corpo: ressuscitando seu Filho na morte, Deus lhe dá uma esposa que formará com ele um só corpo: "O Senhor... deu seu sangue por aquela que ele terá em sua ressurreição".[4] "Aquela que ele terá" é, segundo Agostinho, ao mesmo tempo a humanidade corporal de Cristo e a Igreja. A carta aos efésios, 5,32s., faz lembrar Gn 2,24: "e eles se tornam uma só carne" e comenta: "É grande este mistério, refiro-me à relação entre Cristo e a Igreja". (Ef 5,32). As núpcias terrestres anunciam as núpcias em que o "salvador do corpo" (Ef 5,23) assume em si a Igreja. Ao tornar os fiéis o seu corpo, Jesus não aniquila sua personalidade. Dois esposos não deixam de ser duas pessoas, embora se tornando "uma só carne". "Cristo vive em mim", diz são Paulo, mas ele acrescenta: "Minha vida presente na carne eu a vivo pela fé no Filho de Deus" (Gl 2,20). Ele também é uma pessoa. A Igreja não é passiva: ela permite que o Cristo seja aquilo que deve ser: o esposo, a cabeça. No poder do Espírito Santo que ressuscita Jesus e o doa à Igreja, esta acolhe o esposo. Ela, que agora recebe o seu tudo, exerce uma causalidade sobre Cristo, a da receptividade: ela se deixa esposar.

Na morte e na ressurreição

As núpcias são celebradas no mesmo instante em que Cristo se torna o "salvador do corpo", "entregue para" a Igreja (Ef 5,23-25), quando também se tornou a salvação em pessoa. A Igreja é introduzida na comunhão da morte e ressurreição.

As duas fórmulas "em Cristo" e "com Cristo", utilizadas por Paulo, são complementares. A primeira debuxa o quadro existencial dos fiéis: "Vós *sois* em Cristo" (1Cor 1,30). Eles preexistiam nele. A outra descreve como o Cristo e a Igreja vivem juntos: em união de morte e ressurreição, na realização da salvação.

---

[4] Agostinho, in *Joh.*, tract, 8 CCL. 36, 84.

O batismo, que introduz na comunhão de Cristo – "batizados num só Espírito para sermos um só corpo" (1Cor 12,13) – é uma participação na morte e na ressurreição: "Não sabeis que todos os que fomos batizados em Cristo Jesus, é em sua morte que fomos batizados?... para que, como Cristo foi ressuscitado dentre os mortos pela glória do Pai, assim também nós vivamos vida nova" (Rm 6,3s.). Pelo batismo, os fiéis são sepultados nele e com ele na mesma morte, e com ele são ressuscitados.[5]

A eucaristia confirma os fiéis em sua união com o Cristo imolado e glorioso (cf. 1Cor 10,16s.). A fórmula da instituição da eucaristia assim foi transmitida por são Paulo: "Este cálice é a nova *Diathêkê* em meu sangue" (1Cor 11,25). Pela palavra *Diathêkê* (ordem, disposição, instituição), a Bíblia grega traduz o hebraico *Berit* (aliança), querendo dizer que a aliança com Israel não é mais um simples pacto entre dois parceiros; o Senhor Deus institui, com autoridade, essa relação marcada pelo sangue de Cristo. A Igreja foi fundada por Deus na páscoa de Jesus. A aliança foi selada no sacrifício de Jesus, que tem em si a Igreja.

Jesus ressuscitou sem abandonar o mistério de sua morte; a Igreja vive numa permanente comunhão de morte com ele: "Fui crucificado junto com Cristo" (Gl 2,19), nos sofrimentos (Rm 8,17), nas provações e nos sofrimentos do apostolado (2Cor 4,10-12). Ao termo de sua vida terrestre, a morte consagra os fiéis na união ao Cristo, na comunhão integral da morte com ele: "Fiel é esta palavra: se com ele morremos, com ele viveremos" (2Tm 2,11).

É assim que a Igreja "conhece" Cristo " no "poder de sua ressurreição e participação de seus sofrimentos, conformando-me com ele em sua morte" (Fl 3,10). O mistério escatológico da ressurreição está sempre operando nos fiéis.[6] Deus não fica repetindo sem cessar sua ação ressuscitante em favor dos fiéis: esta ação é única, e é exercida na

---

[5] Rm 6,3-10; Ef 2,5s.; Cl 2,11-13; 3,1-3.
[6] 2Cor 4,10-12; Ef 2,5s.

geração do Filho único. Os fiéis são ressuscitados "pelo poder de sua ressurreição", a que vivifica Cristo em sua morte. A existência cristã é escatológica, enraizada na futura plenitude da salvação.

À definição de que a "Igreja é o corpo de Cristo", deve-se acrescentar, para torná-la mais precisa: ela é o corpo de Cristo na comunhão da morte, que é a entrada na glória.[7] Assim estamos de volta à teoria joanina, na qual Jesus atrai a si todos os homens, do alto de sua cruz gloriosa (Jo 12,32s.). Daí a Igreja assume a figura de um rebanho apascentado por um pastor que dá sua vida pelas ovelhas. No Apocalipse o próprio pastor é um cordeiro imolado.[8]

Uma assembleia convocada no Espírito

O conjunto dos homens assim reunidos se chama *Ecclesia*, isto é, assembleia convocada, reunida por uma convocação. Seus membros são "santos por vocação".[9] O cristianismo é vocação. Essa palavra é extraordinariamente frequente, utilizada, às vezes, até de um modo redundante: "Vocação com que fostes chamados" (Ef 4,1).

Essa vocação dos fiéis tem um destino definido: eles são os "chamados de Jesus Cristo" (Rm 1,6), chamados "à comunhão com seu Filho Jesus Cristo, nosso Senhor" (1Cor 1,9). Esse apelo é criador, "chama à existência as coisas que não existem" (Rm 4,17), é criador de comunhão com o Filho, torna "santo por vocação", "apóstolo por vocação" (Rm 1,1.7); produz a justificação (Rm 8,30), conduz à liberdade (Gl 5,13), à "paz de Cristo, à qual fostes chamados em um só corpo" (Cl 3,15): "batizados num só Espírito para ser um só corpo" (1Cor 12,13).

---

[7] Voltando à teoria da redenção por substituição: para ela, a morte de Jesus é uma ruptura com Deus. Como poderiam, então, os fiéis entrarem em comunhão com Deus pela participação na morte de Jesus, se esta é uma ruptura?

[8] Jo 10,11-18.27s.; cf. Ap 5,6 e 7,17.

[9] Rm 1,7 e 1Cor 1,2. Não se deve traduzir "chamados para se tornarem santos". A vocação, em si, é santificadora, os fiéis são santos por sua vocação.

Em seu mistério pascal, que é também o mistério da parusia, Cristo vem ao reencontro. Ele vem chamando, e apela atraindo. Ele atrai, lá do alto da cruz gloriosa (Jo 12,32s.); ele chama e atrai fazendo-se ver. É assim que a Igreja foi fundada, é assim que ela atingirá sua plenitude: "O que nós seremos ainda não se manifestou. Sabemos que, por ocasião dessa manifestação, seremos semelhantes a ele, porque o veremos tal como é" (1Jo 3,2).

Vocação para a comunhão é outro nome da graça. O princípio paulino: é pela graça e não pelas obras que fostes salvos, aparece em Romanos 13,12: "não por vossas obras, mas por aquele que vos chama". Deus é, permanentemente, "aquele que os chama",[10] que atrai e reúne em seu Filho, por ele gerado para o mundo.

Vocação, força de atração, são imagens, o Espírito Santo é a realidade descrita. A fórmula "no Espírito" é frequente na literatura paulina, como também esta outra "em Cristo". As duas se condicionam mutuamente: "Quem não tem o Espírito de Cristo não pertence a ele" (Rm 8,9). Deus chama os homens em Cristo, incorpora-os e vivifica-os nele pelo Espírito Santo, no qual ele ressuscita Jesus. O poder de sua ressurreição é a graça, da qual vivem os fiéis.[11]

João é um teólogo que fala sobre o mistério, descreve-o por meio de dois símbolos. Esses símbolos são multiplicados quando seu evangelho atinge seu ápice: na narrativa da morte de Jesus. No Calvário, o povo messiânico está presente na pessoa de uma mulher, como no momento do primeiro sinal, em Caná: "Perto da cruz de Jesus permanecia de pé sua mãe" (Jo 19,25). Depois

---

[10] 1Ts 5,24; cf. Gl 1,6; 5,8.
[11] Essa realidade misteriosa que é a graça deve, pois, ser estudada à luz da páscoa de Jesus. Aqui se descortina aos teólogos um vasto campo para a reflexão sobre a natureza e ação da graça.

de Jesus ter completado o programa estabelecido pelos profetas, exclama: "Tudo está consumado!". Para dizer que ele morreu, o evangelista serve-se de uma palavra estranha: "entregou o espírito (o Espírito)" (19,30). Na cruz, elevado acima da terra, simbolicamente exaltado até o céu, Jesus entrega o espírito. Ele não deixa tombar a cabeça, para depois expirar: ele a inclina. Na direção de quem? Na direção da mãe e do discípulo, que estavam ao pé da cruz. Sobre eles, ele derrama o Espírito. Aquilo que fora narrado em símbolos, realiza-se na tarde de Páscoa: "Jesus soprou sobre eles: 'Recebei o Espírito Santo'" (Jo 20,22).[12] É assim que João narra o nascimento da Igreja.

A Igreja nasce sem cessar do Espírito, no mistério filial da morte e ressurreição. O Pai gera os fiéis, mas não repetindo em seu favor sua ação paternal. Há somente um Filho, no qual ele assume os homens. Ele os ressuscita com ele, ele não os adota, ele os gera. Pois para Cristo a ressurreição não é uma adoção. Deus é o Pai-Criador, não o Pai adotivo: "Somos criaturas dele, criados em Cristo Jesus (Ef 2,10); "nos gerou de novo pela ressurreição de Jesus Cristo... não de uma semente corruptível, mas incorruptível" (1Pd 1,4.23). São João insiste: "Chamados filhos de Deus, e nós o somos" (Jo 3,1). Nascer de Deus no Espírito Santo é um nascimento mais real do que nascer "do sangue e da vontade da carne" (Jo 1,13). O Espírito Santo, do qual nascem os fiéis, dá-lhes o dom de tomar consciência da realidade de sua filiação: "Quando, porém, chegou a plenitude do tempo, enviou Deus seu Filho, nascido de uma mulher, nascido sob a Lei, para remir os que estavam sob a Lei, a fim de que recebêssemos a adoção filial. E

---

[12] Cf. M.-A. CHEVALLIER, *Souffle de Dieu*, vol. III, Paris: Beauchesne, 1991, p. 61-71.

porque sois filhos, enviou Deus a nossos corações o Espírito do Filho, que clama *Abbá*, Pai!"[13]

A Igreja se situa, assim, na unidade, a unidade do Cristo ressuscitado no Espírito Santo: "Pois todos vós sois um em Cristo Jesus" (Gl 3,28); "para congregar na unidade todos os filhos de Deus dispersos" (Jo 11,52). Eles estavam dispersos no espaço e no tempo. O Espírito os reúne de todos os horizontes e os congrega num só ambiente: o corpo de Cristo. Ele os reúne da dispersão no tempo e os faz viver em um mesmo instante: o momento da morte de Cristo, na qual eles nascem com ele. Em seu mistério, a Igreja nasce hoje naquele lugar e naquele instante. Ela nascerá amanhã. Ela vive na fonte e, enquanto estiver sobre a terra, viverá sempre mais esse mistério.

Parece possível acrescentar um esclarecimento sobre a diferença entre o Único e os fiéis que participam de sua filiação. Em sua humanidade, Jesus é assumido pelo Verbo, pelo Filho eterno. Os fiéis não são assumidos imediatamente no Filho, mas na humanidade de Jesus, que é onde se realiza o mistério de sua salvação. É de Jesus, em seu EU humano, que Paulo pôde dizer: "Cristo vive em mim" (Gl 2,20). É na humanidade de Jesus que está o sujeito de atribuição da vida do cristão. Existe em Cristo um EU humano que faz parte da integralidade

---

[13] Gl 4,4-6; Rm 8,15. Fala-se, correntemente de "adoção": Gl 4,5, muitas vezes, é traduzido como: "Deus enviou seu Filho para que recebêssemos a adoção" (TOB). O termo utilizado por são Paulo (*huiothêsia*), no grego profano, significa "adoção". Mas Paulo o entende em seu significado etimológico: ação que transforma em filho, filiação. Ele não pensa em adoção: "Deus envia seu Filho... para que nós recebamos a filiação, e na verdade sois filhos". É verdade, também, que a filiação dos fiéis é diferente da filiação de Cristo. João exprime essa diferença pelas expressões: Jesus é "o Filho" (em francês: *fils*), os fiéis são "os filhos" (*enfants*). No entanto, a filiação é real em ambos: "Subo a meu Pai, e vosso Pai" (Jo 20,17). Paulo utiliza o dois termos (*fils* e *enfants*). Os fiéis não são filhos por adoção, mas pela participação naquele que é "o primogênito entre muitos irmãos" (Rm 8,29).

de sua natureza humana,[14] centro dele mesmo, onde o homem chega à consciência de si e toma suas decisões. Foi aí que Jesus viveu humanamente a relação com Deus seu Pai, entregou-se à morte e ao poder da ressurreição. É aí que lhe é possível congregar a multidão e dela fazer seu corpo, na participação de sua morte e de sua ressurreição. A Igreja não é o Cristo, não é seu corpo humano. Mas ela é realmente seu corpo, no qual Jesus vive sua morte e ressurreição.

Do Antigo ao Novo Testamento

Bem antes da morte de Jesus, houve uma Igreja, "uma assembleia convocada" por Deus para seu louvor, a assembleia santa",[15] da qual os Atos dos Apóstolos (7,38) fazem alusão, quando falam da "assembleia do deserto". Os discípulos de Jesus nela descobriram a presença de Cristo e lhe atribuíam um caráter cristão. Segundo o evangelho de Lucas, Jesus "abriu-lhes a mente para que entendessem as Escrituras" (Lc 24,45), "interpretou-lhes em todas as Escrituras aquilo que lhe dizia respeito" (Lc 24,27). O ressuscitado, que se manifestou no cenáculo, fazia-se ver também nas páginas da Bíblia. Eles chegaram à certeza de que o livro que alimentava sua fé, bem como as instituições e a história de que ele fala, estavam habitados pela presença daquele em quem eles reconheciam a presença do Senhor.

Deus havia dado início ao processo de sair de si mesmo, já quando criou o mundo. Depois, ele começou a falar com Israel; falar é sair de si pela palavra gerada. Deus se preparou para tecer uma tenda para seu Verbo. Estas muitas palavras, e as leis editadas foram guardadas

---

[14] Falar de um "Eu" humano de Jesus não é contradizer o dogma da pessoa divina e única, na qual foi assumida a natureza humana de Jesus. Ao mesmo tempo, recusar a Jesus um "Eu" humano seria negar a integralidade de sua natureza humana. Cf. K. RAHNER, *Aimer Jésus*. Col. "Jésus et Jésus Christ", Desclée, 1985, p. 54s.

[15] Êx 12,16; Lv 23,3; Nm 29,1.

nos livros sagrados, tornando-se, por assim dizer, a encarnação da sabedoria divina (cf. Eclo 24,23). Deus vai ao extremo de pronunciar seu Nome, entregando-se a Israel, pois o nome de Deus é o próprio Deus em seu mistério revelado.

Deus torna seu filho primogênito (Êx 4,22) o povo que havia reunido: "Do Egito chamei meu filho" (Os 11,1). Israel trazia oculto em seu seio o Cristo que haveria de nascer. "As promessas foram asseguradas a Abraão e a sua *descendência*. E não diz aos descendentes, como se fossem muitos, mas como a um só: *e a tua descendência*, que é Cristo" (Gl 3,16). Paulo assim raciocina, embora sabendo que a posteridade de Abraão é multidão (cf. Gn 17,4-8). Isso quer dizer que ele vê a multidão contida em Cristo, detentor da promessa feita a essa multidão. Israel possuía Cristo, ao passo que os pagãos estavam "sem Cristo, excluídos da cidadania em Israel, e estranhos à aliança da Promessa" (Ef 2,12).

Deus promete para Davi ser um pai para seu descendente, Salomão e a dinastia: "Eu serei para ele um pai e ele será para mim um filho" (2Sm 7,14). Mas, segundo a carta aos hebreus, 1,5, essa palavra não foi dita a ninguém a não ser àquele que é verdadeiramente o Filho. O mesmo se pode dizer desta outra afirmação: "Tu és meu Filho, eu hoje te gerei".[16] No salmo, a palavra é dirigida a um rei da dinastia de Davi. Isso significa que esta era uma dinastia messiânica, que ela existia em razão daquele que devia vir. Todas as promessas terão seu cumprimento na ressurreição de Jesus: "Deus cumpriu para nós, os filhos, a promessa feita a nossos pais, ressuscitando a Jesus. Assim como está escrito nos salmos: 'Tu és meu Filho, eu hoje te gerei'" (At 13,32).

Israel foi uma nação maternal, mãe de Cristo segundo a carne, uma Igreja composta por aqueles que carregavam em si o germe mes-

---

[16] Cf. Sl 2,7; Hb 1,5.

siânico. O Apocalipse (capítulo 12) apresenta a Igreja sob o símbolo de uma mulher coroada com doze estrelas. Doze, com seus múltiplos, é a cifra eclesial. Essa mulher-Igreja, revestida com o sol, ocupa um lugar no céu: "um sinal grandioso apareceu no céu": ela encerra em si os mistérios. Está grávida. Sua existência alcança as origens da história: diante dela se detém a "antiga serpente" (12,9), a mesma do livro de Gênesis. Ela traz em seu seio a semente messiânica, isso de acordo com a interpretação que a tradição cristã atribui a Gênesis, 3,15. Ela gera em sua carne e na fé da promessa. Paulo dirá a respeito de Isaac, o filho concebido na carne e na fé, que ele era o "filho segundo o Espírito" (Gl 4,29). E isso Jesus o será plenamente.

"Quando, porém, chegou a plenitude do tempo, enviou Deus seu Filho, nascido de uma mulher" (Gl 4,4). Em Maria, mãe de Jesus segundo a carne e pelo Espírito (Lc 1,35), a Igreja da primeira Aliança encontra seu símbolo perfeito. A promessa feita à humanidade na pessoa de Eva concentrou-se em um grupo humano cada vez mais restrito: no começo uma raça, os semitas, sobre os quais se derrama o interesse de Deus (Gn 9,20); em seguida, um povo de determinada raça, o povo de Abraão, de Isaac e de Jacó. Posteriormente, uma tribo do povo de Jacó, a tribo de Judá (Gn 49,10). Um clã dessa tribo, o clã de Davi (2Sm 7,14). No alto dessa pirâmide, uma jovem comprometida com um homem desse clã. O convite à alegria messiânica, muitas vezes dirigido à "Filha de Sião", isto é, à nação judaica, foi estendido a essa jovem mulher: "Alegra-te, cheia de graça!" (Lc 1,28). A benevolência de Deus em favor de Israel concentra-se sobre aquela em que se resume a vocação maternal da nação. A Igreja da primeira Aliança era crística segundo a carne e pela fé na palavra de Deus. "Jesus é a substância desse povo, porque é dele que tira a natureza de sua carne."[17]

Lendo a Bíblia e a história de Israel, Paulo distingue as realidades aparentes, que ele chama "letra", e o mistério profundo, "o espírito"

---

[17] Agostinho, *A cidade de Deus*, 17, 11. CCL 46, 575.

que o fiel pode descobrir olhando para Cristo, pois "o Senhor é o Espírito" (2Cor 3,17). Segundo Colossenses, 2,17, as primeiras instituições eram sombra do Cristo que virá: "São apenas sombra das coisas que haviam de vir, mas a realidade é o corpo de Cristo".

A passagem da antiga para a nova Aliança efetuou-se na própria pessoa de Cristo. Existia um lugar simbólico, "nosso lugar" (Jo 11,48), no centro da primeira Instituição: o templo de Jerusalém. E, sendo ele o símbolo, sua sorte estava ligada à sorte do Messias: "Destruí este templo, e em três dias eu o levantarei" (Jo 2,19). Os chefes dos sacerdotes destruíram este templo, objeto da altercação e do qual Jesus havia expulsado os vendedores. Em três dias, isto é, logo, logo, Jesus o reconstruirá. O evangelista explica: "Ele falava do templo de seu corpo". Ao templo "feito por mãos humanas" sucederá o templo "não feito por mãos humanas" (cf. Mc 14,58). Jesus ressuscitado será o lugar sagrado onde a adoração será feita em "espírito e verdade" (Jo 4,24).

Quando Jesus expirou, "o véu do Santuário rasgou-se em duas partes, de cima abaixo" (Mt 27,51), para proclamar que estava se esvaziando da Presença que o habitava. Ao ser retirada a "substância do povo", a casa desmoronou. O primeiro templo encontra sua "perfeição" no corpo ressuscitado: "em três dias eu o levantarei" (Jo 2,19). O corpo de Jesus é o lugar de passagem e o elo de união entre as duas Alianças.

A narrativa de Lucas sobre o nascimento de Jesus apenas evoca a "filha de Sião"; o quarto evangelho é mais explícito. Nele, Maria não é chamada com seu nome próprio, mas com um nome funcional: ela personifica uma comunidade e sua história. Ela é "mãe de Jesus", e Jesus a trata de maneira insólita: "mulher!"[18] Ela entra em cena quando, em Caná, anunciava-se a Hora de Jesus, a passagem da primeira

---

[18]Jo 2,1-4; 19,25.

Aliança para a nova: "Houve um casamento em Caná, da Galileia, e a mãe de Jesus estava lá" (Jo 2,1). Ela só reaparece quando soa a "Hora da passagem" (cf. Jo 13,1): "Perto da cruz de Jesus permaneciam de pé sua mãe..." (Jo 19,25). Em sua pessoa estava presente a nação judaica, fiel companheira do Messias em sua páscoa, malgrado a defecção de seus chefes. Sua maternidade segundo a carne e o Espírito achava-se concentrada nessa mulher. Maternidade esta que, agora, passa inteiramente para o domínio do Espírito: "Mulher, eis teu filho!"

Em comunhão com Jesus que é a "substância deste povo", a Igreja transmigra, na pessoa de Maria, da primeira Aliança para a nova. A primeira não é abolida, é aperfeiçoada (cf. Mt 5,17). A água das seis talhas de Caná não acabou, pois é ela que é transformada em vinho. "*Este* templo", que os chefes dos sacerdotes destruíram, Jesus o reconstrói. A mesma mulher representa a primeira e a nova Aliança. A Igreja primeira, crística em sua carne, está para sempre junto de Deus naquela que é seu símbolo, a mãe de Jesus.

A unidade dos dois Testamentos foi selada na unidade do corpo de Cristo, substância de um e de outro. A diferença está incrustada nele, a princípio em sua existência terrestre, e depois na existência celeste e universal. A passagem de uma para a outra foi eternizada em Cristo, em sua morte e ressurreição. Agora, Jesus conclama os homens a entrarem em sua páscoa: "Quando eu for elevado da terra, atrairei todos a mim" (Jo 12,32). O começo foi por Israel, que ele atrai naquela que é o símbolo da nação maternal, sua mãe. Ela é a primeira companheira em sua páscoa. Ela testemunha igualmente em sua pessoa a unidade do antigo e do novo Testamento.

Jesus se dirige também aos homens de outrora, dos quais ele é o futuro, e os chama para ele. Mateus, 27,52, mostra "os santos" de outrora seguindo Jesus em sua passagem da morte para a ressurreição.[19]

---

[19] O trecho de Mateus, 27,51s., é mais doutrinal do que descritivo de um acontecimento histórico.

A catequese dos primeiros séculos atribuía muita importância à descida de Jesus aos infernos.[20] Cristo, "morto na carne, foi vivificado no Espírito, no qual foi também pregar aos espíritos na prisão" (1Pd 3,18).[21] O Evangelho foi pregado também aos mortos" (1Pd 4,6).[22] A carta aos hebreus faz um longo elogio da fé dos antigos nas promessas de Deus. Mas, existe uma observação: "Na fé todos estes morreram, sem ter obtido a realização da promessa, depois de tê-la visto e saudado de longe... E não obstante, todos eles, se bem que pela fé tenham recebido um bom testemunho, apesar disso não obtiveram a realização da promessa. Pois Deus previa para nós algo de melhor, para que sem nós não chegassem à plena realização" (Hb 11,13.39s.). Os justos de outrora e os da nova Aliança entram juntos na pátria. E aí eles entram por sua comunhão com a páscoa de Jesus.[23]

Devido à união dos dois testamentos no corpo de Cristo, a fé pode abarcá-los com um só olhar. Em um e outro, Deus fala a seu

---

[20] Trata-se da descida de Jesus ao *sheol,* local subterrâneo, que se julgava ser a estadia dos defuntos, e não de uma descida de Jesus ao inferno, lugar de danação, como o afirma a teoria da substituição (cf. p. 52)

[21] É o Cristo "vivificado no espírito (Espírito)" que vai ao encontro dos espíritos. As Igrejas do Oriente representam a ressurreição de Jesus pelo ícone da descida aos infernos.

[22] Se bem que a tradição tenha interpretado 1Pd 3,18 como o reencontro com os defuntos, essa interpretação não é clara. Quem são esses "espíritos"? Mais evidente é a afirmação de 4,6, onde é verdadeiramente aos defuntos que a Boa Nova é levada.

[23] A descida a esse lugar subterrâneo, o *sheol,* é uma figura. Cabe à teologia encontrar seu significado. Em sua morte glorificante, Jesus tornou-se o Senhor de todos os tempos, vem ao encontro dos homens em sua morte para introduzi-los no Reino. Os primeiros cristãos preocupavam-se com aqueles que morreram antes de Jesus. Mas, ainda hoje em dia, a maior parte dos homens é de antes de Jesus Cristo, não tendo jamais ouvido falar dele. Os próprios cristãos encontram-se, ainda, de algum modo, antes de Jesus Cristo. Eles estão "em Cristo", mas ainda não plenamente, embora chamados "à comunhão do Filho" em seu Dia (cf. 1Cor 1,7-9). Parece que o dogma da descida de Jesus aos infernos, a graça do reencontro com ele na morte, vale para todos os homens. É de se desejar que o dogma da descida de Jesus aos infernos chame novamente a atenção dos teólogos, para esclarecer o mistério da morte.

Filho e fala dele. Os profetas de Israel situam o Reino escatológico na perspectiva das instituições de Israel. A realeza de Davi se prolonga numa realeza eterna.[24] O templo messiânico, que é visto a partir da perspectiva do templo de Jerusalém (Ez 40,48s.). Zorobabel, que reconstruiu o templo depois do exílio, recolhe, prematuramente, os elogios messiânicos.[25] Os títulos que serão próprios do Ressuscitado: Cristo, Senhor, Filho de Deus, são aí atribuídos aos reis.[26] Todo o povo de Israel já é Filho de Deus (Os 11,1).

Os discípulos de Jesus invertem a perspectiva; eles leem a Bíblia a partir do Ressuscitado. Eles atribuem a Jesus, a ele somente e com uma inédita plenitude de sentido, os textos concernentes a Israel, suas instituições, seus reis e seus justos. Somente a ele cabe a honra da filiação (Hb 1,5), outrora atribuída a Israel[27] e à dinastia davídica. Somente ao Filho compete o título de Deus (Hb 1,8) que o salmo 45 atribuiu a um rei.

Do alto da cruz gloriosa, Jesus atrai a primeira Aliança, seu povo, as sagradas Escrituras, seu templo, os homens que morreram antes dele. Ele não aboliu nada, ele arrasta consigo todas as coisas, fazendo com que percam sua forma primitiva, como ele mesmo passou da carne para o Espírito. A Lei de Moisés, que possuía 613 interditos e preceitos, por ele foi reduzida ao essencial, o amor de Deus e do próximo. É a instalação de uma nova ordem moral.

---

[24] 2Sm 7,12-16; Sl 45,7; 89,5.30.37.
[25] Ag 2,23; Zc 3,8; 6,12.
[26] Cito somente os salmos 2,2-7; 45,7; 110,1.
[27] Os 11,1 e Mt 3,1.

VII
A PÁSCOA DE JESUS NOS FIÉIS

São Paulo descreve assim seu "ser em Cristo" (cf. 1Cor 1,30): "Fui crucificado junto com Cristo. Eu vivo, mas já não sou eu que vivo, pois é Cristo que vive em mim. Minha vida presente na carne, eu a vivo pela fé no Filho de Deus, que me amou e se entregou a si mesmo por mim" (Gl 2,20s.). O cristão é um fiel, ele coloca sua fé no Filho de Deus que se entregou por ele.

Uma vida de fé

Essa é a fé que a ressurreição de Jesus despertou nos primeiros discípulos. Os exegetas e os teólogos interrogam-se sobre o surgimento da "fé pascal".[1] Eles enumeram diversas causas: "Conforme a Escritura, ele devia ressuscitar dos mortos" (Jo 20,9), uma releitura da vida e da palavras de Jesus, as aparições, o túmulo vazio. A primeira causa é o próprio ressuscitado, ele mesmo, em seu reencontro com os seus, tanto interior – "estou em meu Pai e vós em mim e eu em vós" (Jo 14,20) – como concretizado pelas aparições. Os discípulos o reen-

---

[1] Gostaria de citar, entre outras, as obras de dois professores de Estrasburgo: J. SCHMITT, *Jésus ressuscité dans la prédication apostolique*. Paris: Gabalda, 1949; M. DENEKEN, *La foi pascale*, Paris: Cerf, 1997.

contraram, eles o sabem, acreditaram, porque viram. O Ressuscitado, para quem é direcionada toda a força da fé, é também a causa dessa mesma fé. Assim também acreditaram Madalena, Tomé, os discípulos de Emaús e Paulo, "quando... houve por bem revelar em mim seu Filho" (Gl 1,15). E assim continua sendo até nossos dias; é no reencontro que se torna e se permanece fiel. De outra parte, nenhuma prova é totalmente convincente, a não ser esse reencontro: "Nenhum sinal será dado, exceto o sinal do profeta Jonas" (Mt 12,39 par).

A fé nasce na comunhão, é vivida na comunhão. O que é transcendente faz-se conhecer tornando-se imanente.

Os discípulos escolheram Cristo depois de terem sido escolhidos por ele (Fl 3,12): viram o Cristo que "se deixou ver". Viveram como discípulos fiéis, graças àquele que era sua vida (Gl 2,20), graças a seu "Espírito vivificante" (1Cor 15,45). A fé no Ressuscitado é um efeito da força da ressurreição, porque é por ela que Jesus tem "o poder de submeter a si todas as coisas" (Ef 3,21), e de tudo submeter à "obediência da fé" (Rm 1,5). O poder que ressuscita Jesus produz a fé em Jesus ressuscitado. É o poder do Espírito Santo que glorifica Jesus nele mesmo e no mundo: "Ninguém pode dizer *Jesus é Senhor* a não ser no Espírito Santo" (1Cor 12,3). A fé dos cristãos é um efeito da glorificação de Jesus, a irradiação de sua glória no mundo.

É no Ressuscitado que se apoia a força da fé; fé que, também, suscita o poder da ressurreição, fé que, em primeiro lugar não repousa sobre verdades.[2] Com certeza, ela admite as verdades que conhece como reveladas, mas, antes de tudo, ela é adesão à pessoa do

---

[2] Em nossos dias a teologia já suplantou a definição de fé, comumente admitida: "*aceitação, pela inteligência, das verdades reveladas*", porque o homem, sabendo-as reveladas, quer acreditar nelas. Esse tipo de fé não exige a adesão à pessoa de Cristo; ela pode ser compartilhada pelos demônios (cf. Tg 2,19). Essas verdades são compreendidas em sua formulação, sem que o homem chegue ao conhecimento do mistério anunciado. A fé é, pelo contrário, uma adesão pessoal e tem em si mesma uma obscuridade que, contudo, é um autêntico conhecimento.

Ressuscitado que ensina essas verdades. Os apóstolos nunca foram os arautos de um pensamento religioso, mas os anunciadores de alguém. Sua pregação era um querigma, uma proclamação: "Não pregamos a nós mesmos, mas a Jesus Cristo Senhor" (2Cor 4,5). Jesus Cristo é, em pessoa, a Palavra à qual o fiel se apega. Se a pregação dos apóstolos é, ao mesmo tempo, um ensinamento, é porque essa Palavra é "a luz verdadeira que, vinda ao mundo, ilumina todo homem" (Jo 1,9). Os fiéis respondem: "Minha vida presente na carne, eu a vivo pela fé no Filho de Deus" (Gl 2,20).

O Cristo anunciado é o *Cristo salvador*, aquele que na morte e ressurreição é "por nós", é o mistério da salvação. A força criadora da fé se apoia nele, não somente porque a plenitude da divindade habita nele, mas porque sua plenitude está destinada para os homens.[3] "Nós acreditamos naquele que ressuscitou dos mortos, Jesus, nosso Senhor, o qual *foi entregue por nossas faltas* e ressuscitado para nossa justificação" (Rm 4,23s.).

Jesus é, em pessoa, "a ressurreição dos mortos" (Rm 1,4) e como tal é o objeto de nossa fé: "Eu sou a ressurreição e a vida, quem crê em mim, ainda que morra, viverá. Crês nisso?" (Jo 11,25s.). A fé se alicerça num "eu" e num "aquilo", sobre a pessoa de Cristo, à qual o fiel adere, e sobre a verdade anunciada por ele. Essa é secundária, está fundamentada naquele que é a ressurreição. É para Jesus, elevado acima da terra como a serpente no deserto, que se eleva o olhar do fiel (Jo 3,14): "Olharão para aquele que traspassaram" (Jo 19,37), e que atrai "todos a ele" (Jo 12,32).

A fé é um ato de comunhão com Cristo em seu mistério pascal. O discípulo "crê em Cristo", de acordo com a fórmula frequente, onde a preposição grega *eïs* designa um movimento para Cristo. Pela

---

[3] Jo 1,16; Cl 2,9s.

fé, ele vem "para Cristo", ele bebe da fonte que jorra do lado traspassado e se sacia abundantemente com o Espírito (Jo 7,37-39). Ele entra em comunhão. Quando Jesus se apresenta como pão do céu, o fiel é convidado a comer este pão (Jo 6,27-29). A fé acolhe, recebe: e "a todos os que o receberam deu o poder de se tornarem filhos de Deus; aos que creem em seu nome" (Jo 1,12).

O fiel entra em participação identificadora com a morte e a ressurreição de Cristo, todo ato de fé é comunhão pascal. No falar dos sinóticos, crer é seguir Jesus até a morte: "Se alguém quer vir após mim, tome sua cruz e siga-me (Mt 16,24 par.). O pão da vida é sua "carne entregue pela vida do mundo" (Jo 6,50). Ninguém pode alimentar-se com o corpo imolado, sem ser igualmente assumido na imolação. Por sua fé, São Paulo se encontra, ao mesmo tempo, crucificado e vivendo em Cristo (Gl 2,19).

A morte "para a carne" é o efeito do poder da ressurreição. Vivificando-a, o Ressuscitado oferece ao fiel a ocasião de morrer com ele, que ressuscitou na morte. O fiel morre para si mesmo, no poder pelo qual Jesus morreu e ressuscitou, isto é, pelo Espírito Santo. "Nele (quer dizer, no Cristo da glória...) fostes sepultados no batismo, no qual também com ele ressuscitastes pela fé no poder de Deus, que também o ressuscitou dos mortos" (Cl 2,11s.).

Nessa comunhão, *o fiel é justificado.* Jesus, que a princípio foi "manifestado na carne, foi justificado no Espírito" (1Tm 3,16), foi então totalmente apossado pela justificante justiça de Deus: "Ressuscitado para nossa justificação" (Rm 4,25). Em comunhão de fé com ele, o homem, por sua vez, torna-se "justiça de Deus" (2Cor 5,21). Paulo não se gloria mais de seus numerosos méritos adquiridos pela observância da Lei mosaica: "O que era para mim lucro, eu o tive como perda, por amor de Cristo. Mais ainda, tudo eu considero perda, pela excelência do conhecimento de Cristo Jesus, meu Senhor. Por ele eu perdi tudo e tudo tenho como esterco, para ganhar a Cristo e ser achado nele, não tendo a justiça da Lei, mas a justiça que vem de

Deus, apoiada na fé, para conhecê-lo, para conhecer o poder de sua ressurreição e a participação de seus sofrimentos, conformando-me com ele em sua morte" (Fl 3,7s.).

O homem não é justificado por suas obras. Estas, pelo contrário, torná-lo-iam um pecador, se ele se prevalecesse delas. A justificação é um dom gratuito, *embora seja necessária a colaboração*, a acolhida da fé. O fiel exerce uma verdadeira causalidade na justificação, uma causalidade de acolhida.

A fé é uma virtude filial, receptiva. Essa atividade é meritória, no sentido de que merecer é receber, acolher o dom, deixar-se gerar. A justificação é gratuita, mas é dada somente para aquele que a deseja. Isso vale para toda a vida cristã (cf. Fl 3.8-12).[4]

A fé não é apenas uma simples crença, *ela compromete*. Não é somente um conjunto de verdades anunciadas no início da Igreja, admitidas ainda hoje, mas não compreendidas. A graça da fé é uma revelação, um desvelamento, ela permite conhecer. O mistério pascal é epifânico: "Mais um pouco de tempo ainda e me vereis" (Jo 16.17). Jesus deixa-se ver por seus discípulos, para que eles possam crer. No começo, as aparições eram de uma clarividência excepcional, pois era necessário fundar a Igreja. Hoje, Cristo se revela pela sacramentalida-

---

[4] "O homem é justificado pela fé" somente, e não pelas obras (Rm 9,28). Esse princípio é assim muitas vezes interpretado: na justificação o homem não desempenha nenhuma atividade. Essa posição seria lógica numa teologia jurídica, onde a fé consiste em crer que Cristo já pagou o preço do pecado, e que a justiça de Deus, levando isso em consideração, justifica o homem em razão dessa fé. Ora, a fé acolhe Cristo e a salvação que nele está. O fiel desempenha um papel ativo, o de receber. Até Cristo fez isso em sua morte. A teologia jurídica, nesse ponto, é incoerente: de uma parte a justificação do homem seria concedida sem participação de sua parte, ao passo que Cristo a deveu adquirir por sua ação em favor dos homens. O dom da justificação, totalmente gratuito para os homens, de maneira alguma o teria sido para o homem Jesus que acolheu em si, para todos, o dom da justificação. Ele exerceu uma causalidade real, a da receptividade filial. E assim também é para todos os fiéis em sua comunhão com Cristo.

de da Igreja, e continua sendo sempre assim: é ao se fazer ver que ele suscita a fé. Já durante sua vida terrestre, o olhar dos discípulos havia penetrado o profundo do mistério: "Senhor, a quem iremos? Tens palavras de vida eterna, nós cremos e reconhecemos que és o Santo de Deus" (Jo 6,68).

Muitas vezes, fala-se sobre o "véu da fé", supondo-se que ela impede a percepção do mistério, ao passo que ela é seu desvelamento ainda imperfeito, adaptado à condição terrestre. Ela abre a visão para os "olhos do coração" (Ef 1,18): "E nós contemplamos e testemunhamos que o Pai enviou seu Filho como salvador do mundo" (1Jo 4,14). Isso não pode ser contemplado pelos olhos do corpo, apesar de sua percepção ser real. São Paulo chega à audácia de afirmar: "É somente pela conversão ao Senhor que o véu cai... E nós todos que, com a face descoberta, refletimos como num espelho a glória do Senhor somos transfigurados nessa mesma imagem" (2Cor 3,16-18).

Na caridade e na esperança

A fé conhece o mistério, porque ela existe na comunhão com ele. Em todo ato de fé existe, portanto, ao menos o início da caridade. A fé se torna intuitiva pela caridade, que familiariza o homem com o mistério: "A vós foi dado o mistério do Reino de Deus; aos de fora, porém, tudo se passa em parábolas" (Mc 4,11). Tudo parece estranho ao estrangeiro, mas tudo parece familiar para quem é da família.

O Espírito Santo da ressurreição de Jesus é um poder de amor. E como tal ele é o "Espírito da Verdade" (Jo 14,17), que "vos conduzirá à verdade plena" (Jo 16,13). Ele assume os fiéis em Cristo (1Cor 12,13), e, dando-lhes o dom do amor, dá-lhes igualmente o conhecimento.

Fé e caridade habitam, em osmose, no fiel. Uma fé sem caridade, seria como a fé dos demônios: "Os demônios creem, mas estremecem" (Tg 2,19). Eles sabem que Jesus é o Santo de Deus, mas dizem:

"Que queres conosco?" (Mc 1,24), afasta-te de nós! Ao contrário, o fiel é "aquele que vem a mim" (Jo 7,37). A fé é um comportamento de amor, na força do Espírito de amor: "Ninguém pode dizer: *Jesus é Senhor*, a não ser no Espírito Santo" (1Cor 12,3).

É notório que, na enumeração das virtudes teologais, a caridade é nomeada em primeiro lugar: "a caridade... tudo crê" (1Cor 13,7). São Policarpo escreve: "a fé é seguida pela esperança e precedida pela caridade".[5] A caridade, que é o ápice, é também o cimento das fundações. Essa é uma característica do cristianismo: o final é também o começo.[6]

Da mesma forma que a caridade, a esperança é inseparável da fé. Confiar naquele que é a salvação em pessoa é depositar nele sua esperança. Os fiéis são o "povo que espera",[7] homens que "Deus e o Pai de nosso Senhor Jesus Cristo... gerou de novo pela ressurreição de Jesus Cristo dentre os mortos, para uma esperança viva (1Pd 1,3). Seu Deus é o Deus da esperança (Rm 15,13), que dá "a boa esperança pela graça" (2Ts 2,16).

A esperança, na maioria das vezes, vem nomeada em terceiro lugar.[8] Ela tem origem na fé que ama, pela qual se chega à posse de Cristo e da salvação que está nele: "Vós sois em Cristo Jesus que se tornou para nós... redenção" (1Cor 1,30). Mas essa posse ainda é imperfeita, os fiéis ainda se sentem "chamados à comunhão com o Filho" (1Cor 1,9) em seu Dia. Por força do dom inicial, eles aspiram à plenitude, certos de alcançá-la, pois um penhor já lhes foi dado (2Cor 1,22). Eles suplicam: "Marana tha. Vem, Senhor Jesus", àquele que já está no meio deles, "Cristo em vós, a esperança da glória" (Cl 1,27). A esperança é a fé amorosa que prepara para a pátria celeste, na qual já se acha ancorada.

---

[5] *Carta aos Filipenses*, 2. *SC* 10, 206.
[6] Em linguagem científica: a escatologia é também protologia.
[7] 1Ts 4,13; cf. 1Cor 15,19.
[8] 1Ts 1,3, *passim*. Em 1Cor 13,13, a caridade figura em terceiro lugar em razão de sua maior dignidade.

A esperança é formada pelo desejo da salvação e pela certeza de obtê-la. A certeza é garantida pelo "penhor do Espírito": "E a esperança não decepciona, porque o amor de Deus foi derramado em nossos corações pelo Espírito Santo que nos foi dado" (Rm 5,5). O desejo habita nossos corações juntamente com a certeza. O Espírito é tanto o desejo quanto o amor, um amor em busca da comunhão total: "Nós, que temos as primícias do Espírito, gememos interiormente, suspirando pela redenção de nosso corpo", em plenitude. "E aquele que perscruta os corações sabe qual o desejo do Espírito, pois é segundo Deus que ele intercede pelos santos" (Rm 8,23-26) e os ouvirá. O amor "tudo espera" (1Cor 13,7).[9]

Elas são três em uma, a fé, a esperança e a caridade, como uma imagem de Deus Pai, Filho e Espírito Santo. O Pai e o Filho são um na unidade do Espírito Santo; a trilogia das virtudes é indivisa na caridade, que é a alma das duas outras.

Indivisas, elas são eternas. Os carismas da Igreja terrestre, profecia, dom das línguas ou das curas, serão abolidos, como tudo o que não é comunhão pessoal com Deus (1Cor 13,8-10). Mas "permanecem fé, esperança, caridade" (1Cor 13,13). A fé e a esperança não desaparecem no limiar da eternidade, elas "permanecem". Como poderiam ser efêmeras as duas virtudes que, já aqui nesta terra, permitem viver a eternidade? A fé é a porta que acolhe a salvação, e essa porta jamais se fechará. Jesus, por sua morte, chegou ao máximo de sua fé filial, e nessa situação ele foi eternizado. Sobre a terra, a fé era um primeiro vislumbre do conhecimento eterno; no céu, ela atingirá toda a

---

[9] O Espírito Santo é tanto desejo quanto amor, uma Pessoa divina que é amor, que é desejo. A importância do desejo na vida do cristão é soberana. Ele é a manifestação da presença do Espírito. Aos olhos de Deus, o homem vale a medida de seu desejo; ele crê e ama Deus na medida de seu sincero desejo de crer e de amar.

sua luminosidade.[10] A esperança atingirá o objetivo que se propusera, e aí se fixará, eterna, no ápice do desejo eterno, agora satisfeito: "Mas a caridade é maior". Ela dá vida às outras duas. Ela não é apenas produzida no homem pelo Espírito, ela é uma participação misteriosa no Espírito: "O amor de Deus foi derramado em nossos corações pelo Espírito Santo que nos foi dado" (Rm 5,5).[11]

No céu se realizará plenamente o que é prefigurado pela ceia eucarística, onde a fé abre a mão, a boca e o coração para acolher a páscoa de Jesus, onde a caridade se regozija com a comunhão do corpo santo, onde o desejo suspira: "Marana tha!". O homem viverá no encontro de seu desejo com seu cumprimento, numa insaciável saciedade.

A ética cristã

O Espírito Santo, que dá vida às três virtudes, anima também toda a vida cristã. "O Espírito Santo é, em pessoa, a lei do Novo Testamento".[12] A mesma lei que rege a atividade de Deus comanda a atividade dos fiéis de Jesus. É também a mesma lei à qual Jesus viveu

---

[10] Orígenes, In *Jo* I. 10, c. 43, 305s. GCS p. 222. No presente, "nosso conhecimento é limitado... Mas quando vier a perfeição, o que é limitado desaparecerá... Agora vemos em espelho e de maneira confusa, mas, depois, veremos face a face" (1Cor 13,10s.). Note-se que, ao falar de ver em espelho, em enigma, Paulo não fala de uma visão mediada, por reflexo, mas de uma visão ainda pouco precisa, como os espelhos da época refletiam.

[11] A caridade é, para as duas outras virtudes, a força nas tempestades, em que correm o risco de submergirem. Existem momentos em que tudo parece estar contra aquilo em que se crê e que se espera. Em que Deus não parece ser Pai, nem mesmo verdadeiro. Mas a caridade faz com que se viva em comunhão com Deus. E nada pode obstacularizar essa comunhão em que se vive, nenhum argumento é válido contra ela. É sabida a afirmação de Teresinha de Lisieux: "Ah! Se vocês soubessem as trevas em que estou mergulhada! Não creio mais na vida eterna. Parece-me que depois dessa vida mortal nada mais há, tudo desapareceu para mim. Não me resta senão o amor". *Procès de l'ordinaire*, Roma, 1973, p. 402. Sobrou-lhe o essencial, que contém a fé e a esperança.

[12] Tomás de Aquino, *Comentário à carta aos romanos*, 8, 1.1.

submisso, foi "conduzido pelo Espírito" (Lc 4,1), foi oferecido a Deus no Espírito (Hb 9,14), foi ressuscitado pelo Espírito (Rm 8,11). Jesus se deixava conduzir pelo Espírito, no qual encontrava sua identidade de Filho, concebido pelo Espírito. Submetendo-se a sua lei, alcançou a plenitude filial. Semelhantemente acontece com os fiéis: "Todos os que são conduzidos pelo Espírito de Deus são filhos de Deus" (Rm 8,14). A ética cristã é de extrema nobreza: suas normas são, em si mesmas, divinas e divinizantes. Os homens tornam-se filhos de Deus ao se submeterem a elas.

Semelhante lei não é escrita, nem poderia sê-lo, a não ser no coração: "Eu porei minha lei em seu seio e a escreverei em seu coração" (Jr 31,33). Jesus diz que ela jorrará no coração, fonte de vida eterna (Jo 4,14).

O cristão deve, pois, seguir a lei de seu próprio coração. Não deve comportar-se deste ou daquele modo, porque Deus o manda assim, ele deve seguir a lei de seu próprio ser, fazer aquilo de que gosta, pois sua lei é o Espírito de amor derramado em seu coração (Rm 5,5). Ele deve fazer aquilo de que gosta, porque ele o pode, pois a lei do amor que deve reinar é o Espírito todo-poderoso da ressurreição de Jesus.

"A lei do Espírito da vida em Cristo Jesus" (Rm 8,2) é, pois, uma lei de liberdade. Existe um homem mais livre do que aquele que se julga no dever e no poder de fazer aquilo de que gosta? "Vós fostes chamados à liberdade, irmãos" (Gl 5,13). A salvação que se realizou em Cristo Jesus é uma redenção, isto é, uma libertação. Ao ressuscitar no Espírito Santo Jesus entrou na plenitude da liberdade filial, acima de qualquer constrangimento humano: "onde se acha o espírito do Senhor, aí está a liberdade" (2Cor 3,17). Em Cristo, o fiel é libertado da Lei mosaica e de toda lei que não seja interna à pessoa.[13] "É para a liberdade que Cristo nos libertou" (Gl 5,1), isto é, para que sejamos

---

[13] Declarando que o fiel está livre da lei, Paulo se refere especialmente à Lei mosaica, mas seu pensamento abrange toda lei externa à pessoa.

verdadeiramente livres em Cristo. Se o homem se entrega ao Espírito, "amor, alegria, paz, longanimidade, benignidade, bondade" (Gl 5,22) amadurecerão em seu espírito e, tão naturalmente como acontece nas árvores, frutificarão. "Contra essas coisas não existe lei" (Gl 5,23).

Livre em Cristo e no Espírito Santo, o homem torna-se submisso a Deus. Ele vive no Espírito, que é a vontade de Deus, na caridade, que é o mandamento de Deus. A submissão a Deus é a medida de sua liberdade, pois a caridade do Espírito é, em igual medida, submissão ao Outro, aos outros, e também liberdade no dom de si, assim como Cristo tanto morreu como ressuscitou.

"A lei do Espírito de vida" é também a recompensa que Deus concede àquele que cumpre essa lei. Poder amar é a alegria de quem ama, ele não deseja recompensa mais alta. Jesus foi escutado no momento mesmo de sua morte, que foi glorificante, recompensado em seu morrer para o Pai. Morte e ressurreição constituem um único mistério.

Tudo encontra sua verdade plena na comunhão final com o Filho (1Cor 1,9). A moral cristã é de natureza escatológica, a lei do Espírito de vida é uma graça que endereça para essa comunhão. A liberdade do cristão é possuir a dimensão da ação do Espírito. Ora, o cristão, em boa medida, ainda se encontra tributário dos reclamos da carne: "Minha vida presente na carne..." (Gl 2,20). Uma vez que não se encontre ainda submisso à lei da liberdade, encontra-se submetido a múltiplas leis escritas, a um conjunto de leis contidas na Bíblia, assim como o decálogo, destinadas a regrar as relações pessoais com Deus e com o próximo, às leis inscritas pelo criador na natureza do homem. É assim que, Paulo, arauto da liberdade cristã, apregoa a submissão ao poder civil (Rm 13,1-7), à medida que ele esteja conforme à autoridade de Deus. Ele impõe a suas comunidades regras de caráter canônico (cf. 1Cor 8-11); essa lei "não foi destinada ao justo, mas aos iníquos e rebeldes" (1Tm 1,9), para os homens nos quais a ação do Espírito ainda não se encontra inteiramente completa. Elas funcionam como delimitações, e não como o caminho vivo que é Cristo ressuscitado em sua morte (Hb 10,19). A lei continua a desempenhar a função de "pedagogo até Cristo" (Gl 3,24),[14] até o dia em que triunfará "a Lei de Cristo",[15] a Lei do Espírito do mistério pascal.

Resumindo: a tese afirma a liberdade perante as leis escritas, leis exteriores à pessoa. A antítese continua válida: o fiel ainda se encontra submisso a semelhantes leis. A síntese consiste na primazia da lei da caridade, da liberdade. *As outras leis são relativas, estão a serviço da caridade e da liberdade, subordinadas ao bem da pessoa em sua relação com Deus e com o próximo.*[16]

A comunhão dos santos

Em seu processo de cristianização, os fiéis vão sendo cada vez menos "carne", tornando-se cada vez mais "espirituais" (cf. 1Cor 2,15). O Espírito, que é a lei do Novo Testamento, concede-lhes o dom de ser e viver como ele mesmo é, isto é, em comunhão. Eles são incorporados em Cristo pelo poder criador do Espírito (1Cor 12,13) que, "morto para a carne", tornou-se "espírito vivificante" (1Cor 15,45). Vivem na mútua comunhão de ser e de viver: "Todos vós sois um só em Cristo Jesus" (Gl 3,28).

---

[14] Na antiguidade, o pedagogo era o escravo encarregado de conduzir a criança à escola e de supervisionar seu trabalho.

[15] 1Cor 9,21; Gl 6,2.

[16] O estudo sobre o mistério pascal permitiu um realinhamento da teologia dogmática, o que, com toda a certeza, foi muito benéfico. Esse realinhamento tornou-se também desejável na teologia moral, que não apenas libertar-se-ia de seus parâmetros jurídicos de pensamento, mas subordinaria, levando tudo isso em consideração, a reflexão essencialista em moral a um pensamento personalista. A ética cristã apareceria melhor como uma Boa Nova, um apelo exigente, mas libertador, à consciência dos homens. Somente assim vai aparecer mais claramente o papel da consciência.

São Paulo sabe que, na comunidade eclesial, "ninguém de nós vive e ninguém morre para si mesmo" (Rm 14,7). A graça, que é pessoal para cada um, é também de todos. "Eu vos tenho em meu coração, a todos vós que em minhas prisões... comigo vos tornastes participantes da graça" (Fl 1,7). Ele compartilha essa graça, de algum modo se torna mediador: "Pois fui eu quem pelo evangelho vos gerou em Jesus Cristo" (1Cor 4,15); "meus filhos, por quem eu sofro de novo as dores do parto" (Gl 4,19). Ele se tornou pai por seu apostolado missionário, mas sua paternidade funda-se sobre a comunhão com Cristo, mais ainda que sobre seu trabalho: "Somos sempre entregues à morte por causa de Jesus, a fim de que também a vida de Jesus seja manifestada em nossa carne mortal. Assim a morte trabalha em nós, e a vida, porém, em vós" (2Cor 4,11).

Muitas vezes a comunhão dos santos é apresentada como uma partilha de méritos, seguindo Cristo que, também, teria partilhado os seus. Mas os méritos não existem em si mesmos, de maneira que possam ser divididos. A comunhão dos santos é, na verdade, uma comunhão de pessoas que mutuamente se pertencem. Mais do que de bens compartilhados, ela é uma aliança, a aliança do "Espírito Santo... que une os fiéis uns aos outros".[17]

O Espírito de comunhão é o "Espírito criador", sua presença cria a comunhão. Ele é o Amor ao mesmo tempo do Pai e do Filho, uma só Pessoa em duas outras, que as une na indivisibilidade de sua Pessoa. Ele ainda personaliza Jesus em sua humanidade, tornando-o totalmente relacional;[18] e a mesma coisa ele faz com os fiéis, cada um em sua medida. Jesus ressuscita como ele mesmo e como multidão; também os fiéis, de acordo com o grau de intensidade de sua comunhão com ele.

---

[17] Vaticano II, *LG* 49.
[18] Sobre a função "personalizadora" do Espírito, permito-me recomendar meu trabalho *L'Esprit Saint de Dieu*, Paris: Cerf, 1983, p. 37, 54, 94, 121, 132.

Os fiéis assim se tornam enriquecidos uns pelos outros. Não existe riqueza tão grande como a pertença mútua das pessoas. Essa é a riqueza do Deus-Trindade, na qual cada pessoa existe e vive uma para a outra. A solidão pode ser mortal, a comunhão é vivificante. O Espírito vivifica pela união, sua graça é maternal e fraternal.

Existe uma mulher que, segundo o evangelho de João, representa e resume a Igreja. Ela é a cristã por excelência, a irmã mais próxima de todos e sua mãe. Foi-lhe dito: "Mulher, eis teu filho" (Jo 19,26). Santificada na medida da plenitude eclesial, e assim santificada para nós, ela é o coração ardente da comunidade maternal e fraternal.

O amor humano permite que se entreveja o que consegue o Espírito Santo derramado em Cristo e nos fiéis. Quando dois seres se amam mutuamente, cada um se enriquece com o outro, beneficia-se das qualidades do outro tanto quanto das suas. Se um é de condição mais elevada, enobrece o outro: quando um rei se casa, sua mulher torna-se a rainha. Entre dois esposos que se amaram durante longos anos de suas vidas, estabelece-se uma união que não é apenas de caráter sentimental; é uma união que os afeta em seu ser. O "eu" de cada um se constrói na relação e os torna inseparáveis. Esse é o desejo do amor e seu efeito. O Espírito Santo é um amor que deseja, criador poderoso daquilo que deseja. A eucaristia, sacramento eminente do mistério pascal é, por excelência, o sacramento da comunhão dos santos. Nela não são distribuídos nem aplicados méritos, Cristo se doa e enriquece os fiéis com sua própria pessoa. Doando-se, ele se une a eles e os une uns aos outros em seu corpo (1Cor 10,16s.) pelo elo do Espírito Santo. Ele faz deles aquilo que ele é: seres em doação de si, seres de mútua pertença.

Uma igualdade fundamental reina então entre os fiéis, na diversidade dos dons da graça. A santidade dos maiores não os distancia dos menores, ela pertence aos outros; pois, quanto mais são santos, mais se doam uns aos outros para a santificação de todos. Os pequenos não os invejam, são agradecidos por serem tão grandes para a honra e a felicidade de todos.

A comunhão dos santos estende sua graça para além das fronteiras da Igreja. São Paulo recomenda ao grupo que se tornou cristão que não se separe do grupo que permaneceu pagão, se este consentir em permanecer com eles, "Pois o marido não-cristão é santificado pela esposa, e a esposa não-cristã é santificada pelo marido cristão" (1Cor 7,14). O mundo não-cristão pertence a Cristo e à Igreja pelo amor que une Cristo e a Igreja ao mundo. Ressuscitando Cristo no poder do Espírito, o Pai não somente fez dele a cabeça da Igreja, ele o colocou, juntamente com a Igreja, no coração do mundo.

Nota para uma eclesiologia de comunhão

A Igreja, em sua perfeição celeste, está sujeita apenas à lei do Espírito Santo. Aqui na terra, ela é fiel a si mesma à medida que procura ajustar-se a sua verdade celeste; é necessário que ela vá sempre caminhando na direção de seu futuro, na obediência à lei fundamental, a comunhão do Espírito Santo. Pois já está ancorada no céu (Hb 6,19), nós já fomos transportados "para o Reino de seu Filho amado".[19]

Devido à comunhão de todos no Espírito Santo, os membros da Igreja são todos iguais. Jesus já o havia declarado: "Um só é vosso mestre e todos vós sois irmãos" (Mt 23,8). Já foram aniquiladas as diferenças que, neste mundo, são origem às oposições e cismas: "Não há judeu nem grego, não há escravo nem livre, não há homem nem mulher" (Gl 3,28). Todos participam da mesma graça e dignidade, do mesmo poder, o poder do Espírito Santo. Portanto, não se pode falar nem de superiores nem de subalternos; todos são membros do corpo de Cristo, vivificado pelo Espírito Santo.

Sobre a terra, essa Igreja é, ao mesmo tempo, uma sociedade organizada no mundo, uma instituição. Jesus ressuscitado encarrega

---

[19] Cf. Cl 1,13; Ef 2,6; Fl 3,20.

Pedro de apascentar o rebanho (Jo 21,15-17); edifica sua Igreja sobre ele (Mt 16,18) e sobre os doze. Paulo recomenda que tenhamos "consideração por aqueles que se afadigam no meio de vós, e vos são superiores".[20] A carta ao hebreus ordena: "Obedecei a vossos dirigentes e sede-lhes dóceis".[21]

Como sintetizar essa Igreja que é um mistério de comunhão na igualdade e uma instituição, na qual os chefes exercem sua autoridade? Duas representações da Igreja tornam-se possíveis, segundo se dê preferência à instituição ou ao mistério de comunhão.

A Igreja nasceu da morte de Jesus, e deverá ser compreendida de acordo com o significado que se atribua a essa morte. A teologia jurídica da redenção faz prevalecer a instituição e seu poder de jurisdição sobre o princípio da comunhão.[22] Tendo adquirido, por sua morte, um tesouro de méritos, Cristo delega seus poderes a alguns discípulos que, em sua ausência, administram a Igreja. Eles são os administradores daquilo que ele adquiriu, distribuem seus méritos, perdoam a dívida dos pecados em virtude dessa delegação. A Igreja estrutura-se, então, em duas classes, uma governando a outra; os pastores e o rebanho, os que ensinam e os que são ensinados; os ministros dos sacramentos e os beneficiários. A autoridade é exercida segundo o modelo de um poder dominando os outros. Nesse sistema, fala-se muito de jurisdição, e pouco ou nunca se pronuncia a palavra comunhão.

Seguindo a teologia da ressurreição, a morte é inteiramente correlativa à ressurreição, inseparável dela. Ao morrer, Jesus não abandona os seus; pela morte e ressurreição ele retorna para eles. Ele não lhes delega poderes, ele se comunica, unificando os seus em seu corpo

---

[20] 1Ts 5,12; Rm 12,28; 1Tm 3,4s.; 5,17.
[21] 13,17; cf. 7,24.
[22] A teologia de caráter jurídico avantajou-se sobre a teologia da comunhão na mesma época em que uma teologia da redenção, com as mesmas características, começou a se impor. E isso não foi uma mera coincidência.

entregue e vivificado pelo Espírito Santo. A Igreja é a comunidade escatológica, reunida na comunhão do Espírito Santo. Contudo, ela ainda vive sobre a terra, onde uma sociedade não pode sobreviver a não ser apoiada por uma estrutura concatenada. Mas a instituição vem em segundo plano, a serviço da comunhão. A autoridade que se exerce nessa comunidade haure a legitimidade desse serviço e somente pode ser chamada de autoridade cristã se se inspira nessa comunhão.

Jesus nada escreveu, sendo ele mesmo o livro que Deus nos dá para ser lido. A Constituição da Igreja, ele a escreveu no sacramento de si mesmo, que é a eucaristia, que apresenta duplo aspecto: o de instituição e o de mistério, mas numa evidente subordinação da instituição ao mistério da comunhão. Os fiéis reúnem-se em um lugar e em uma hora determinada do espaço e do tempo terrestre. Submetem-se a ritos estabelecidos e, sob a presidência de um membro da comunidade, fazem uma refeição de pão e de vinho, "frutos da terra e do trabalho dos homens". Sem o aspecto institucional não há nem eucaristia nem Igreja de Cristo sobre a terra. Mas, na eucaristia, a instituição vem em segundo plano, vestimenta talhada sob medida para revestir e exprimir o mistério, a fim de que a comunhão com Cristo e entre os fiéis se realize já aqui na terra. Na Igreja, a instituição, por si mesma, é inteiramente relacionada com o mistério. Este quer se exprimir e se realizar por meio dela. "A eucaristia, (que) faz a Igreja", deveria ser a primeira fonte da legislação canônica.

A eucaristia é celebrada por todos, ela é o "bem comum dos fiéis".[23] A ordem: "Fazei isto em memória de mim" foi dada para todos, na pessoa dos apóstolos, símbolo de toda a Igreja. "Todos oferecem a Deus a vítima divina e a si mesmos com ela. Assim tanto pela oblação quanto pela comunhão, não indistintamente, mas cada um a seu modo, todos desempenham sua função própria na ação litúrgica".[24]

---

[23] Agostinho. *De civitate Dei*, 10. CCL 47, 279.
[24] Vaticano II, *LG* 11.

Aqui se torna verdadeira a palavra: "Um só é vosso mestre e todos vós sois irmãos" (Mt 23,8). Os que presidem situam-se no coração da Igreja que celebra, não acima. No coração, pois, seu ministério foi dado por Cristo à Igreja, e só pode ser exercido em favor da Igreja, mistério de comunhão. Se alguém pretendesse presidir a eucaristia, colocando-se deliberadamente fora da Igreja, não teria poder algum para consagrar o pão e o vinho.[25] Neles, por meio de Cristo, a Igreja tem o poder de consagrar e de distribuir a eucaristia. Neles, particularmente, a Igreja age *in persona Christi*, sendo, por isso, que todos os fiéis celebram a eucaristia *in persona Christi*.[26] Sua função é essencial, seria vã a pretensão de celebrar a eucaristia sem eles, nos quais está concentrado e culmina o ministério conferido à Igreja para celebrar a ação culminante da Igreja.

Contudo, o ministério deles não os eleva acima dos outros fiéis, não os opõe a eles: o ministério é de toda a Igreja. A única diferença entre os ministérios é que este é central: ele é totalmente integrado.[27] Ele culmina, mas em profundidade, no serviço da comunhão de todos no ministério. Na presidência da eucaristia, eles não exercem um poder *sobre* a assembleia. Seu ministério é o da plenitude do ministério que Cristo confere à Igreja.[28]

---

[25] É necessário que o sacerdote esteja ligado à Igreja, pelo menos pela intenção de fazer o que ela faz. Cf. Concílio de Trento, *Sessão VII*, Denzinger-Schönmetzer, 1611. A integralidade da Igreja é primordial.

[26] O Vaticano II, na *Lumen Gentium*, 28, declara que o sacerdote age *in persona Christi*, mas não afirma que somente ele age assim, na pessoa de Cristo. (Presbyterorum ordinis) *PO* 2 detalha: "Eles ocupam, a seu modo, o lugar de Cristo em pessoa". Seu modo é o de estar no coração e no cume do ministério da Igreja. Se os fiéis não oferecessem, também eles, em nome de Cristo, em nome de quem ofereceriam?

[27] Vaticano II, *LG* 32: "A própria diferença que o Senhor instituiu entre os ministros sagrados e o restante do povo de Deus traz consigo a união".

[28] Ao distinguir sacerdotes e outros fiéis pela plenitude do ministério, não se entra em contradição com o Vaticano II, *LG* 10, que estabelece entre o sa

Todo aquele que pretendesse exercer qualquer tipo de poder *sobre* a Igreja, estaria enganado sobre a natureza de sua autoridade. Cometeria um pecado semelhante ao do que usasse a eucaristia como uma refeição ordinária, "sem discernir o corpo de Cristo" (cf. 1Cor 11,18-29). O ministério, tanto quanto a vida do cristão, está marcado pelo sinal da morte de Jesus, pelo tipo de senhorio que Jesus demonstrou ao lavar os pés de seus discípulos.[29]

São Paulo conhece "um caminho que ultrapassa todos" (1Cor 12,31), todos os carismas próprios da Igreja sobre a terra, que é a Igreja do amor, que é a expressão da presença, nela, do Espírito Santo. O verdadeiro poder que é o amor trabalha na Igreja.[30] Esse poder é comum a todos os fiéis, ele é próprio de cada um em sua relação com Deus e, portanto, "não passará" (1Cor 13,13). Se há diferenças nessa participação de todos em um mesmo poder, são degraus da caridade.

---

cerdócio dos fiéis e "o sacerdócio hierárquico uma diferença essencial e não apenas de gradação". Pois, nas realidades qualitativas, portanto, não quantitativas, a diferença entre plenitude e aquilo que não é plenitude, é uma diferença específica. Essa diferença pode ser ilustrada por um círculo. Entre o centro e a circunferência, a diferença é específica. Entretanto, em si mesmo, o centro é o círculo em sua centralidade total. A Igreja encontra no sacerdote sua própria plenitude ministerial.

[29] Em eclesiologia é preciso, portanto, tomar muito cuidado com o uso das palavras. Por exemplo, o melhor não é dizer que os bispos estão "com Pedro e sob Pedro". Cf. *Carta aos bispos da Igreja católica sobre alguns aspectos da Igreja entendida como comunhão* (Congregação para a Doutrina da Fé, 28 de Maio de 1992). A jurisdição reconhecida ao Papa sobre toda a Igreja e cada um dos fiéis (Vaticano I, Denzinger-Schönmetzer, 3064) não deve ser entendida como o poder de um monarca absoluto, mas como o dever e o direito de ser efetivamente o *servus servorum Dei*, a serviço da comunhão com o Espírito Santo. Os que quisessem reconhecer no Papa apenas uma primado de honra, enganar-se-iam: Jesus reconhece em sua comunidade um primado de serviço, e não de honra. A esse primado cabe uma autoridade de serviço.

[30] Teresa de Lisieux enfaticamente afirmou: "Eu compreendi que somente o amor faz com que os membros da Igreja ajam... Eu compreendi que o amor engloba todas as vocações". *Autobiographie*, *Œuvres complètes*, Paris: Cerf, 1992, p. 226.

A Igreja é santificadora e santificada, tornada o corpo de Cristo, de onde brotam as águas do Espírito Santo (Jo 7,37-39).[31] Ela é santificada ao acolher, em união com Cristo, a presença do Espírito Santo. "Recebei o Espírito Santo", diz Jesus, "aqueles a quem perdoardes os pecados, ser-lhes-ão perdoados" (Jo 20,22s.). Se não fosse acolhido, como estaria presente e ativo o Espírito Santo no sacramento universal da salvação que é a Igreja, e nos sacramentos particulares? Pode-se, então, pensar que uma causalidade é exercida pelo conjunto da Igreja a respeito das graças dispensadas por ela, uma causalidade própria da fé que ama e une a Cristo em sua morte e em sua glória.

Segundo o evangelho de João, uma mulher estava presente junto da cruz, com um discípulo, no qual a tradição vê um apóstolo. No pensamento do evangelista, ela representa a Igreja. Jesus lhe diz: "Mulher, eis teu filho!" A Igreja é, no conjunto de seus membros, "a Jerusalém do alto... nossa mãe" (Gl 4,26). Ela é a mãe de todos, também dos membros eminentes da instituição hierárquica.

Na Igreja, que é instituição e mistério, o primado refere-se ao mistério, à maternidade que é própria de toda a Igreja, à graça fraternal e maternal da comunhão dos santos. Em sua intimidade, a Igreja terrestre é dirigida pela mesma lei que a Igreja do céu. A autoridade, que é algo próprio da instituição, submete-se ao mistério do qual ela mesma emana. Ela está a seu serviço e deve se ajustar, tanto quanto possível, em seu exercício, à lei fundamental que é o Espírito Santo. É assim que a autoridade é cristã, e santificante para aqueles que a exercem.

Pode-se até pensar que o futuro da teologia da redenção estará desembaraçado das representações jurídicas. É de se desejar que a

---

[31] Cf. IRINEU, *Adv. haer.* III, 241, *SC* 211, 475: "O Espírito que brota do lado de Cristo (Jo 7,37) brota do corpo de Cristo, que é a Igreja.

eclesiologia condicionada pela teologia da redenção saberá saltar de um pensamento e de uma prática dominados pela ideia de delegação de poderes por Cristo, bem como de jurisdição, a uma outra onde prevaleça a comunhão com Cristo, no Espírito Santo.[32]

Isso faz parte da conversão, à qual a Igreja é incessantemente convidada.[33]

---

[32] O poder de jurisdição é uma realidade importante na Igreja sobre a terra. Mas ele deve ser exercido como serviço do mistério de comunhão. Grandes são as consequências práticas que disso decorrem.

[33] Cf. Vaticano II, *Unitatis redintegratio*, 6. João Paulo II reconhece que isso é "um trabalho imenso". *Ut sint unum*, 96.

VIII

A SERVIÇO DA PARUSIA

Em sua morte e ressurreição Cristo é o Senhor que vem. O mistério pascal tem em si uma sinalização parusíaca. A Igreja é o corpo de Cristo em sua morte e sua ressurreição; também ela é enviada: "Como o Pai me enviou, também eu vos envio" (Jo 20,21). Ela está a serviço da parusia.

Igreja enviada ao mundo

Jesus havia convocado doze jovens "para que ficassem com ele, para enviá-los a anunciar" (Mc 3,14). Era o começo da fundação da Igreja que está com ele e que é enviada. Ele tinha numerosos discípulos, mas Mateus, que é denominado "o evangelista da Igreja", sempre se refere aos Doze como sendo *os* discípulos.[1] Ele enxergava neles um símbolo, o símbolo da Igreja. No cenáculo, eles não representam apenas os futuros bispos e padres, eles são "o símbolo vivo do novo povo de Deus".[2]

O número doze é marcante na vida da Igreja. Ela é a mulher coroada com doze estrelas, é a cidade que mede doze mil estádios

---

[1] Mt 10,1; 11,1; 14,19; 16,13.
[2] JEREMIAS, JOAQUIM. *La dernière cène. Les paroles de Jésus.* Paris: Cerf, 1972, p. 246s.

de comprimento e de largura; tem doze portas, sobre as quais estão escritos os nomes das doze tribos de Israel. A muralha da cidade tem doze alicerces, sobre os quais estão os nomes dos doze Apóstolos do Cordeiro".[3]

Em seu mistério pascal, Jesus é o apóstolo (Hb 3,1) universal, enviado no poder de sua ressurreição. Assim como ele, também a Igreja é enviada: "Como o Pai me enviou, também eu vos envio" (Jo 20,21). Ao ser encontrada por ele, Madalena faz-se sua mensageira. Ao aparecer aos discípulos, Jesus envia os onze reunidos no cenáculo ou sobre uma montanha da Galileia. Ao reconhecerem-no "na fração do pão", os discípulos de Emaús enchem-se do desejo de proclamá-lo. Tendo-o visto, Paulo também se torna um enviado: "Não sou apóstolo? Não vi nosso Senhor?" (1Cor 9,1). Deus lhe havia revelado seu Filho "para que eu o evangelizasse entre os gentios" (Gl 1,16). Unido a Cristo, ele dá graças a Deus "que por Cristo nos carrega sempre em triunfo" (2Cor 2,14). Todo aquele que o encontra, no poder da ressurreição que o envia, é também enviado juntamente com ele: a vocação cristã é, em si mesma, uma vocação apostólica. Pedro não foi primeiramente discípulo, e em seguida apóstolo, sua vocação de discípulo caracteriza-o como pescador de homens (Mt 4,19 *passsim*). É em sua conversão que Paulo se torna apóstolo. Ele é "apóstolo por vocação" (Rm 1,1).[4] Assim também todo discípulo é "santo por vocação" (Rm 1,7). Ser apóstolo foi, para Paulo, seu modo de ser cristão.

Participando na redenção

O cristão é apóstolo desde o início porque ele vive em comunhão com Cristo "que se tornou... redenção" (1Cor 1,30). Jesus não somente pagou o preço da salvação, ele se tornou a salvação que se

---

[3] Ap 12,1; 21,12-21.
[4] Não somente "chamado para ser apóstolo".

realiza. Ele assume em si mesmo os discípulos, faz deles seu próprio corpo em sua morte salvífica, em sua ressurreição que é "a ressurreição dos mortos". Eles os faz participar do acontecimento da salvação. "Ele escolheu os doze para estarem com ele"; eles estão com Jesus em qualquer lugar em que Ele se encontre, no mistério da redenção: "tal como ele é, também somos nós neste mundo" (1Jo 4,17). A Igreja "está em Cristo que se tornou para nós... redenção" (1Cor 1,30). Com ele e nele, ela está no mundo, cadinho da salvação.

A Eucaristia ilustra perfeitamente essa afirmação. A Igreja se realiza e se define nessa refeição: uma Igreja em comunhão participativa com a páscoa redentora: "Tomai e comei, isto é meu corpo entregue para vós e para muitos", a fim de que vos torneis naquilo que recebeis. Os discípulos são assumidos no mistério, do qual a eucaristia é o sacramento.

Bastante diferente é a concepção de Igreja nas teologias de tipo jurídico. A redenção foi adquirida no passado, cabe, agora, à Igreja proclamá-la e administrar o tesouro dos méritos de Cristo, "aplicando-os" aos fiéis por meio dos sacramentos.[5] A obra da salvação aconteceria em dois atos: sua aquisição e sua aplicação por meio do ministério da Igreja. Os fiéis se beneficiariam da redenção, sem dela participar, nem para si mesmos, nem para os outros.

A obra da salvação não se desenvolve em dois atos, o segundo vindo completar o primeiro. Ela se completa inteiramente em Cristo; em sua páscoa ele é o alfa e o ômega da salvação. A difusão da salvação é inseparável de sua realização. O acontecimento salvífico é, ao mesmo tempo, sua realização; o mistério da páscoa é também parusia. Jesus morto para nós e ressuscitado para nós (2Cor 5,15) vem a nós por sua morte e ressurreição. Quanto à Igreja, ela é integrada ao mistério da salvação que vem.

---

[5] Daqui surge também uma determinada compreensão da distinção entre sacerdotes e leigos: uns distribuem e conduzem, outros recebem e seguem.

A Igreja nada acrescenta, não completa nada, ela não é um segundo ato, ela participa de tudo na integração da única ação redentora de Cristo. O que Cristo é, o que ele faz e diz, ela também é, faz e diz, numa subordinação plena, numa comunhão identificadora com ele que, em sua páscoa, é o único e universal mediador. O apostolado da Igreja não é uma atividade pós-pascal, mas um aspecto do mistério pascal, com sua dimensão de parusia, em difusão por todo o mundo. Na morte para todos, na ressurreição para todos, Jesus é, de uma só vez, "aquele que o Pai consagrou e enviou ao mundo" (Jo 10,36), na Igreja que é seu corpo.

São Paulo demonstra consciência de participar no mistério da salvação: "Incessantemente e por toda a parte trazemos em nosso corpo a agonia de Jesus, a fim de que a vida de Jesus seja também manifestada em nosso corpo... Assim, a morte trabalha em nós, a vida, porém, em vós" (2Cor 4,10-12). Por seu existir em Cristo (cf. 1Cor 1,30), o cristão participa do mistério da redenção, pois ele se tornou um só (Gl 3,28) com Cristo na morte e ressurreição.

Fora dessa comunhão, a atividade da Igreja seria vã: "Sem mim nada podeis fazer", mas "aquele que permanece em mim e eu nele produz muito fruto" (Jo 15,5). É nos sacramentos que Cristo, a videira, amadurece os frutos da salvação.[6]

Ao lado da alegoria da videira, o evangelho de João conhece um símbolo vivo da Igreja: "Disse a sua mãe: 'Mulher, eis teu filho'" (19,26). A imagem da Igreja mãe das almas alimentou, no decorrer dos séculos, a coragem apostólica dos discípulos. Escreve um antigo

---

[6] Um questionamento: na alegoria da vinha: trata-se dos frutos das virtudes e das boas obras ou do fruto do apostolado? Parece que se torna necessário ir além dessa distinção. Como em Jo 4,34-38; 12,2s., o fruto é a obra de Jesus em sua totalidade. Em Jo 15,16, a promessa do fruto é feita aos discípulos apóstolos. A fidelidade a Jesus pelas virtudes... não é o fruto, mas a condição para que se produzam frutos (Jo 15,4s.10). A alegoria da vinha fala de uma comunidade unida a Jesus, na qual ele produz frutos no mundo

autor que São Paulo, que nascera dessa mãe, conheceu, por sua vez, "as dores do parto por aqueles que, por ele, acreditaram no Senhor, até que Cristo fosse formado neles. Ele não diz: 'Meus filhos, por quem eu sofro em trabalho de parto até que Cristo seja formado em vós' (Gl 4,19), e 'fui eu quem pelo Evangelho vos gerou em Jesus Cristo' (1Cor 4,15)".[7]

Os sofrimentos são comunhão de sofrimento com Cristo (Rm 8,17), a morte é comunhão de morte com ele (2Tm 2,11). Ora, foi principalmente por sua paixão e morte que Jesus "se tornou redenção" (1Cor 1,30). É com ele que o cristão também se torna redenção: "Assim a morte trabalha em nós; a vida, porém, em vós" (2Cor 4,12). O martírio irá coroar o apostolado de Pedro: "Simão, filho de João, tu me amas?... Apascenta minhas ovelhas... Segue-me" até a morte (Jo 21,15-19). Jesus havia convocado doze jovens "para que ficassem com ele".

Testemunhas de Jesus Ressuscitado

Fundada no passado, a Igreja deve permanecer constantemente em fundação, assim como o foi em suas origens, isto é, em um encontro de comunhão com o Ressuscitado. Na verdade, ninguém é cristão por nascimento, o homem precisa tornar-se cristão. É imprescindível que, incessantemente, através dos séculos, a Igreja, que é mistério escatológico, aprofunde suas raízes entre eles.

Como encontrar o Ressuscitado? Ele está além, nem visível, nem audível, nem tangível. É sabido que os homens só podem iniciar seu

---

[7] METÓDIO DE OLIMPO. *Le banquet des dix vierges*, 38,77. *SC* 95, 106-108. A ideia de uma maternidade espiritual incentivou a coragem dos mártires de Lião e de Vienne. Cf. EUSÉBIO, *Hist. Eccl.* V, 1. *SC* 41, 6-23. Teresinha de Lisieux tinha consciência da vocação maternal da Igreja inteira: "Ser tua esposa, ó Jesus... ser por minha união contigo a mãe das almas (*Autobiographie. Œuvres complètes*. Paris: Cerf, 1992, p. 224).

conhecimento por meio dos sentidos, a partir deles. Para poder se fazer visto, Jesus vem sob outras aparências, em símbolos reais de sua presença. Ele cria sacramentos de encontro e de comunhão com ele. Ao deixar seus discípulos neste mundo (Jo 17,11), ele os faz vir até ele, como os doze, com os quais escalara a montanha (Mc 3,13); eles são "apóstolos por vocação", "escolhidos para o Evangelho" (Rm 1,1). Esse Evangelho é o próprio Cristo, em seu mistério salvífico de se propagar pelo mundo em seus discípulos.

Sua função é a de serem "testemunhas da ressurreição" (At 1,22). E eles não testemunham apenas um fato do passado: um acontecimento de outrora não pode ser salvação para o homem de hoje, não transforma este homem em nova criatura. Transmitir o testemunho dos primeiros discípulos que viram o Ressuscitado, rememorar os fatos do passado, isto é exercer a função de um historiador, e não a de "testemunha da ressurreição". A Igreja produz o testemunho não apenas dos fatos passados, mas de todos os outros: "Sereis, então, minhas testemunhas" (At 1,8); ela proclama "o testemunho de Jesus",[8] com quem ela faz a experiência do encontro ainda hoje: "O que vimos e ouvimos vo-lo anunciamos... E nós contemplamos e testemunhamos que o Pai enviou seu Filho como Salvador do mundo" (Jo 1,3; 4,14).[9] A Igreja reencontra-o em sua ressurreição, porque essa é sua missão. Pois é na ressurreição que Jesus se revela a sua Igreja e se faz ver. O mistério pascal é parusíaco e cria as testemunhas de que tem necessidade para se fazer difundir mundo afora.

A Eucaristia, sacramento eminente da vinda de Cristo a sua Igreja, é, por excelência, o sacramento do testemunho. Os discípulos de Emaús reconheceram-no durante a fração do pão (cf. Lc 24,35), e anunciaram a ressurreição. Os fiéis cantam: "Nós proclamamos tua

---

[8] Ap 1,2; 12,27 passim.
[9] Esse "nós" não parece ser um plural majestático, designando apenas o autor da epístola, mas todos aqueles que, na Igreja, testemunham o Cristo.

morte, ó Senhor Jesus, nós celebramos tua ressurreição". Eles são testemunhas de Jesus no próprio fato de sua ressurreição, pois é para sempre que Jesus vive em sua ressurreição.[10] A eucaristia é onde ele emerge na visibilidade das coisas deste mundo. Aos que ainda não o sabem, aqueles que participam da eucaristia podem dizer: "Cristo ressuscitou! Nós o encontramos, nós vivemos dele!"

Contudo, para suscitar a fé não basta que a Igreja enuncie aquilo que sabe. A fé não é apenas aceitar um fato ou verdades ensinadas; crer é entregar sua fé a alguém. A fé recebe Cristo como um pão que alimenta (Jo 6,26-47); a fé vai até Cristo e adere a ele (Jo 7,37). Poder-se-ia ganhar um homem para essa fé, sem que o Cristo viesse a seu encontro, se o pão não lhe fosse oferecido? A fé ilumina-se no reencontro. *Para que a fé brote, o testemunho deve ser mediador de presença e de reencontro.*

Quando a Igreja testemunha, é Cristo que está presente, "Cristo ora Cristo",[11] "é Cristo-Igreja que reza Cristo, o corpo reza a cabeça".[12] O Evangelho se difunde por seu próprio dinamismo, é o Evangelho que é o Cristo em sua páscoa: "A luz se torna, ela mesma, testemunho... seu testemunho volta-se sobre si mesma... para que a luz seja conhecida".[13] Na pessoa e nas palavras das testemunhas, a Igreja torna-se transparência de Cristo, epifania do mistério pascal, mediadora do reencontro de Cristo no mistério da salvação.

Ninguém pode consagrar-se a si mesmo como testemunha do Ressuscitado, tornar-se, por própria decisão, mediador da vinda e do reencontro com Cristo, da mesma maneira que o pão, por si mesmo, não pode se transformar em eucaristia. É pelo poder do Espírito que Deus ressuscita Jesus, e o ressuscita visível e audível sob a forma dos apóstolos e de uma multidão de testemunhas.

---

[10] Cf. p. 28, 45-46.
[11] Agostinho, in *Joh, tratado* 47,3. CCL 36, 405s.
[12] Idem, *Sermo* 354, PL 39, 1563.
[13] Idem, *In Joh*, tratado 35, 4. CCL 36, 319, 405.

Dois sacramentos da parusia

Cristo se torna visível e audível na Igreja, transformando-a em seu sacramento de salvação,[14] graças ao qual se abre para os homens a possibilidade de entrarem em comunhão com Cristo. A Igreja é, em si mesma, sacramento e dispõe, entre outros, destes meios de salvação que denominamos sacramentos.

Nas teologias de tipo jurídico, coloca-se a questão: "Quando e com que palavras Jesus instituiu esses sacramentos?" O batismo foi instituído pelas palavras: "Ide, portanto, e fazei com que todas as nações se tornem discípulos, batizando-as..." (Mt 28,19). A eucaristia, por sua vez, foi instituída por estas outras palavras: "Fazei isto em minha memória" (Lc 22,19). A remissão dos pecados por essas outras: "Aqueles a quem perdoardes os pecados ser-lhes-ão perdoados" (Jo 20,23). Jesus, uma vez obtida a salvação dos homens por seus méritos, teria instituído ritos de aplicação dos méritos, estações distribuidoras, cada uma com seus prepostos. Torna-se necessária e suficiente uma palavra para essa instituição. À Igreja de hoje compete repetir esses ritos instituídos outrora.[15]

Ora, Jesus, por meio dos sacramentos, é o perene acontecimento da salvação e, também, sua realização. É verdade que a instituição de vários sacramentos pode ser identificada por alguma palavra da Escritura. Mas foi em sua páscoa que Cristo se tornou sua permanente instituição. Os sacramentos são instrumentos de seu advento salvífico. Por eles, o acontecimento da salvação torna-se instituição. Eles são as mãos com as quais o mistério pascal atrai e reúne em si todos os homens.

---

[14] Vaticano II, *LG* (*Lumen gentium – sobre a Igreja*) 48; SC (*Sacrosanctum Concilium – sobre a liturgia*) 5; AG (*Ad Gentes – sobre a atividade missionária*) 5; GS (*Gaudium et Spes - A Igreja no mundo contemporâneo*) 45.

[15] Essa descrição pode até parecer caricatural. Mas uma caricatura possui sua verdade própria, que é ressaltar até o excesso alguns aspectos autênticos.

Apresentaremos aqui dois sacramentos: o sacramento da palavra, pelo qual se exprime a sacramentalidade geral da Igreja, e o sacramento da eucaristia. Um é o começo, o outro o "ápice da evangelização".[16] Ambos são símbolos reais do mistério pascal e do mistério da parusia, são emergência no mundo dos meios de comunicação com ele.

O sacramento da palavra

Jesus é a Palavra anunciada no mundo. Deus a pronunciou com força, ao ressuscitar Jesus. Desde então essa palavra tornou-se perceptível por meio da Igreja, sacramento de Cristo em sua ressurreição e em sua vinda ao mundo: "É Cristo que vive em mim", escreve São Paulo (Gl 2,20); "Cristo fala em mim" (2Cor 13,3); "Eu falo em Cristo" (2Cor 2,17). A atividade fundamental da Igreja em suas múltiplas formas é ser a palavra daquele que, em Pessoa, é "a Palavra de salvação" (At 13,26). O anúncio do Evangelho é um autêntico sacramento, se bem que a Palavra não vem listada junto com os outros sete: a Igreja, sacramento fundamental, expressa-se nesse anúncio.

A palavra não é apenas um enunciado, ela carrega em si e transmite o mistério anunciado: "Por essa razão é que sem cessar agradecemos a Deus por terdes acolhido sua palavra, que vos pregamos não como palavra humana, mas como na verdade é, a Palavra de Deus que está produzindo efeito em vós, os fiéis" (1Ts 2,13). Ela é "palavra de vida" (Fl 2,16), uma palavra ativa, que realiza aquilo que anuncia.

Evangelho é outro nome que se dá à palavra apostólica. "O Evangelho de Deus" (Rm 1,1) realiza a salvação que proclama: "Nosso evangelho vos foi pregado não somente com palavras, mas com gran-

---

[16] Vaticano II, *PO* (*Presbyterorum ordinis – Sobre o ministério e a vida dos presbíteros*) 5.

de eficácia no Espírito Santo, e com toda a convicção" (1Ts 1,5). "Ele é força de Deus para a salvação de todo aquele que crê (Rm 1,16); "lembro-vos, irmãos, o evangelho que vos anunciei... e pelo qual sois salvos" (1Cor 15,1). Quando Paulo se proclama "escolhido para o evangelho de Deus" (Rm 1,1),[17] pode-se perceber que o Evangelho é o próprio mistério da salvação que, sob a forma de anúncio, penetra o mundo. Paulo é assumido e consagrado nesse mistério[18] em difusão. Pode-se dizer que o Evangelho é Cristo ressuscitando sob a forma de apóstolo e de pregação. Paulo, "pela força de sinais e prodígios, na força do Espírito de Deus" leva "a termo o anúncio do Evangelho" (Rm 15,19).[19] Ele não apenas anuncia a Boa Nova, ele participa de sua realização. Paulo reconhece: "Dela eu me tornei ministro, por encargo divino a mim confiado a vosso respeito, para levar a bom termo o anúncio da Palavra de Deus, o mistério escondido desde os séculos e desde as gerações... Cristo em vós, a esperança da glória" (Cl 1,25-27). "Viva e eficaz" (Hb 4,12), a palavra produz a salvação que proclama.

Essa salvação é a remissão dos pecados (cf. Lc 1,77). De acordo com os sinóticos, Jesus ordenou: "Proclamai o Evangelho a toda criatura" (Mc 16,15). De acordo com João, Jesus diz aos discípulos que perdoem os pecados no poder do Espírito: "Como o Pai me enviou, também eu vos envio. Dizendo isto, soprou sobre eles e lhes disse: 'Recebei o Espírito Santo. Aqueles a quem perdoardes os

---

[17] Não se deve traduzir: "Separado para anunciar o Evangelho". O sentido é: separado para o Evangelho em si mesmo, porque o evangelho deve ser entendido como o mistério da salvação em processo de difusão.

[18] Ser "separado para o Evangelho" (Rm 1,1) é uma consagração, de acordo com a linguagem bíblica. Cf. Lv 20,26.

[19] No original, nesta nota, o autor discorda da tradução ecumênica francesa que também escreve: "Assegurei plenamente o anúncio do Evangelho". Prefere entender que por meio de Paulo se realiza o mistério que é o Evangelho.

pecados ser-lhes-ão perdoados; aqueles aos quais não perdoardes, ser-lhes-ão retidos'" (Jo 20,21-23). No início do evangelho de João, o Precursor proclama: "Eis o Cordeiro de Deus, que tira o pecado do mundo"; ele é aquele que "batiza no Espírito Santo" (Jo 1,19-33). Mais no final da narrativa, Jesus é ainda mais uma vez designado como o Cordeiro pascal, do qual nenhum osso foi quebrado (19,36). De seu lado aberto, escorre água, que para João é o símbolo do Espírito Santo (7,37-39). Partilhando agora conosco seu Espírito Santo (16,7), Jesus o derrama sobre os discípulos e os envia para perdoar o pecado do mundo.

Todo o evangelho de João se desenrola entre esse começo e esse fim, os quais o definem como o evangelho do Cordeiro pascal de Deus que, no poder do Espírito Santo, tira o pecado. Os discípulos são enviados como Jesus, nesse poder e com essa finalidade: é assim que João descreve o envio dos apóstolos; ao evangelizar, eles tiram o pecado do mundo.

O poder de perdoar os pecados é ilimitado. Sua totalidade torna-se clara pela oposição dos contrários: perdoar e reter.[20] Esse poder é divino, somente Deus pode perdoar os pecados (Mc 2,7). O pecador desfaz o laço de paternidade e de filiação que Deus havia atado. Quem poderia refazê-lo, senão Deus? Perdoar é como gerar na santidade do Espírito Santo, uma graça que transforma o pecador em Filho de Deus. O Pai assume o pecador em seu Filho, gerado no Espírito Santo, "ressuscitado (no Espírito) para nossa justificação" (Rm 4,25). Essa obra só pode ser divina.

---

[20] O sentido de totalidade expresso pela oposição dos contrários aparece claramente em Lc 6,9: "Jesus lhes disse: 'Eu vos pergunto se, no sábado, é permitido fazer o bem ou o mal, salvar uma vida ou arruiná-la?'" É claro que não é permitido fazer o mal. O sentido é: será que é proibido fazer qualquer coisa, mesmo salvar uma vida? A Igreja não recebeu o poder de manter um homem no pecado. Nem mesmo Jesus o possui, pois ele não veio para condenar, mas sim para salvar (Jo 3,17; 10,10).

Como os discípulos participam dessa atividade divina?[21] A missão conferida é global: é a mesma missão de Jesus, que tira o pecado do mundo. Enviada como ele, a Igreja evangeliza as nações (Mt 28,19); ao evangelizá-las, converte-as, perdoando seus pecados (Lc 24,47-49). O perdão é graça de conversão, a conversão é o efeito do "ministério da reconciliação... da palavra de reconciliação" (cf. 2Cor 5,18s.). A Boa Nova, que é o mistério de Cristo, difundido-se no mundo perdoa os pecados quando, ao difundir-se, é acolhida: "Palavra de Deus que está produzindo efeito em vós, os fiéis" (1Ts 2,13). A fé que acolhe, na qual o homem é justificado, libertado do pecado, essa fé "vem da pregação e a pregação é pela palavra de Cristo" (Rm 10,17). A remissão dos pecados é fruto do Evangelho.

A Igreja evangeliza por meio de diferentes formas: pela palavra pregada, pela palavra anunciada nos símbolos sacramentais, múltiplas testemunhas da fé. Ela conhece um sacramento específico do perdão, o sacramento da penitência, cuja finalidade é recristianizar ou aprofundar ainda mais a cristianização dos fiéis, purificando-os dos pecados cometidos depois do batismo. O pecado é perdoado, não como se perdoa uma dívida, anulando-a, ou como uma mancha que se apaga: a Igreja proclama a conversão e a realiza. A palavra de absolvição é o resultado do anúncio transformador da Boa Nova na comunidade cristã, particularmente durante a celebração desse sacramento: um sacramento de evangelização.

Para estar à altura de realizar a missão de perdoar os pecados, isto é, para ser lugar de conversão, a Igreja deve, em primeiro lugar,

---

[21] Pelo batismo, segundo a interpretação de São Cipriano *Ep.* 73, 7, *CSEL* III, 783. Pelo sacramento da penitência, segundo o Concílio de Trento, *Sessio* XIV, Can. 2, Dz-Sch 1703. O Concílio condena a interpretação que entende, em Jo 20 21-23, apenas a missão de proclamar a remissão dos pecados, adquirida pela cruz, sem reconhecer à Igreja o poder de perdoar esses pecados. Mas o Concílio não se coloca contra a exegese, hoje comum, que entende o texto como se referindo à missão global de perdoar os pecados.

acolher o poder transformador do Ressuscitado. A palavra: "Recebei o Espírito Santo" significa que o Espírito está sendo doado; significa também que a Igreja deve se abrir para ele, acolhê-lo.[22]

A eucaristia

A celebração eucarística é a mais forte palavra de salvação, pronunciada pelo ministério da Igreja. Ela é o "ápice da evangelização". A Boa Nova, esse mistério que se difunde, nela se exprime em toda a sua densidade. A eucaristia é, por excelência, o sacramento pascal, sacramento que é, ao mesmo tempo, inseparável da morte, da ressurreição e da presença que vem ao mundo.

A dimensão parusíaca da eucaristia é fundamental. Cristo se torna presente, os discípulos o reconhecem. Jesus havia dito: "Isto é o meu corpo". Para um semita, o corpo designa o homem inteiro. Na Bíblia, "o sangue derramado" designa não somente o líquido nutritivo que irriga o corpo, mas também a totalidade do homem vítima da violência. Jesus se refere a si mesmo sob os dois aspectos eucarísticos. Ele declara em Jo 6,51.56: "Eu sou o pão... quem come a minha carne e bebe o meu sangue permanece em *mim*". O discípulo entra em comunhão com toda a pessoa de Cristo.

Jesus, em sua imolação, é doado aos discípulos. Corpo entregue, sangue derramado. Mas não só na imolação, como também em sua glória. Sendo uma refeição, a eucaristia é símbolo e fonte de vida, denominada "pão vivo" (Jo 6,50). Segundo Lc 22,15-20, ela foi instituída na perspectiva da "páscoa que se completa no Reino de Deus". Ela

---

[22] Percebe-se o quanto a pastoral do sacramento da penitência pode ser dinamizada, se passar a ser compreendida como sacramento de evangelização, de conversão. Pode-se perceber também o quanto essa pastoral é exigente para com os ministros desse sacramento. A Igreja deve ser lugar de conversão, principalmente por seus ministros.

fala de vida na morte, é um sacramento pascal, o sacramento de Jesus glorificado em sua morte, na qual ele foi eternizado para a glória: ela é "a ceia do Senhor" (1Cor 11,20).

A eucaristia é sacrifical, sacramento da morte e da ressurreição, porque ela é o corpo de Cristo, "corpo entregue", Cristo vindo à Igreja no momento em que foi eternizado: em sua morte e ressurreição.[23] Ele se torna presente no instante da realização da salvação, corpo entregue e glorificado, a fim de que a Igreja se torne um só corpo com ele na realização da salvação. A eucaristia é o sacramento da presença de Cristo, e é sacrifical em razão dessa presença. Mais ainda, a eucaristia, em si mesma, supõe a morte e a ressurreição. Jesus morreu e ressuscitou "por nós" (cf. 2Cor 5,15), advindo e se doando por sua morte e ressurreição. Esse "para nós", esse aspecto de vida e de doação para nós é manifestado pelo pão e pelo vinho em sua razão de ser: ambos são destinados aos convivas, a serem consumidos.

Desde o início, os cristãos tinham consciência de que, ao comerem deste pão e ao beberem deste cálice, eles entravam em comunhão com o Senhor (1Cor 10,16s.). Essa refeição era chamada "mesa do Senhor" (1Cor 10,21), "ceia do Senhor" (1Co 11,20). Um tempo atrás, os discípulos haviam ceado com o Senhor, sabiam que haviam sido convidados para o banquete do Reino (cf. Mc 10,37). Depois ele morreu. Mas, eis que na "fração do pão" ele se encontra novamente em meio aos seus. O Apocalipse propiciou à liturgia eucarística uma de suas mais belas imagens: "Eis que estou à porta e bato: se alguém ouvir minha voz e abrir a porta, entrarei em sua casa e cearei com ele, e ele comigo" (Ap 3,20).[24]

A palavra *parusia* significa presença e vinda. Jesus torna-se presente estando distante, vem deste distante sem se retirar dele. Para se

---

[23] Cf. 45-47.
[24] A tradução ecumênica (francesa) explicita bem a alusão eucarística: "*Je prendrai la cène avec lui*".

tornar visível neste mundo, ele se serve de realidades deste mundo, o pão e o vinho. Enquanto se serve dessas realidades, sua presença permanece velada. Mas ele promete seu desvelamento: "Todas as vezes que comeis deste pão e bebeis deste cálice, anunciais a morte do Senhor até que ele venha (1Cor 11,26). Esse "até que" exprime, ao que parece, uma finalidade, "a fim de que ele venha".[25] O desejo é ardente: "Marana tha!" A certeza da vinda é garantida pela presença.

Vindo do além, sem abandoná-lo, Cristo se faz presente atraindo a si todo o universo. Ele atrai a si o pão e o vinho e, por meio deles, atrai os fiéis. Escondido, sua presença não exerce toda a força de atração de que dispõe, caso contrário a Igreja cessaria de ser terrestre (cf. 1Jo 3,2). Mesmo sendo o sacramento da refeição celeste, a eucaristia molda-se a uma Igreja que caminha.

São dois os evangelhos que evocam a eucaristia em suas narrativas das aparições. Lucas emoldura o episódio dos discípulos de Emaús num enquadramento eucarístico. Jesus ainda não havia sido reconhecido. Ele começa ensinando aos discípulos uma leitura cristã da Bíblia.[26] À mesa, ele repete o gesto da última ceia. Os discípulos comem o pão oferecido, momento em que reconhecem Jesus. Depois, eles voltam e contam aos outros discípulos como eles "o haviam reconhecido na fração do pão" (Lc 24,35).[27]

Segundo o evangelho de João, o Ressuscitado aparece, por duas vezes, num domingo, "dia do Senhor" (cf. Ap 1,10), primeiro e oitavo dia da semana, dia da ressurreição e da parusia. Tudo se passa como na eucaristia, aonde Jesus vem, mesmo que as portas estejam tranca-

---

[25] Cf. JOAQUIM JEREMIAS. *La dernière cène. Les paroles de Jésus*, Paris: Cerf, 1972, p. 302. A finalidade está na própria morte que destina Jesus à parusia.

[26] Desde os primórdios, a celebração eucarística começava pela leitura comentada da Bíblia.

[27] Eles o reconhecem não pelo modo de partir o pão, mas durante, "na fração do pão", no decorrer do que se chama a ceia.

das, imolado, marcado pelas chagas da paixão, mas também glorioso. Uma terceira vez "ele se deixa ver" às margens do lago de Tiberíades. Ele fica na margem, ao amanhecer. Não poderia ser nas margens da eternidade, ao alvorecer do Dia que se anuncia? É uma aparição misteriosa; mesmo depois de terem reconhecido Jesus, ainda sentem a necessidade de lhe perguntar: "Quem és tu?" (Jo 21,12). Algum tempo antes, nessa mesma região, Jesus havia oferecido à multidão pão e peixe multiplicados, que são os símbolos usados por João para designar a eucaristia. Nessa manhã e da mesma maneira, ele oferece pão e peixe. Toda a narrativa tem um forte sabor de eucaristia. A eucaristia é o sacramento da manifestação.

A teologia se interroga como a eucaristia pode ser um sacrifício, se é refeição? Como ela é a presença de Cristo, sendo que o pão e o vinho não parecem ser nada mais do que aquilo que é percebido pela experiência?[28] A resposta só pode ser encontrada no mistério pascal, do qual a eucaristia é sacramento.

Para se responder à primeira pergunta já foi dito que o sacerdote imola Cristo: ele separa, com o gládio de sua palavra, o corpo e o sangue, renovando assim, de maneira sangrenta, o sacrifício da cruz.[29] Ora, o sacrifício de Cristo é único, irreiterável (Hb 10,12-14). Jesus não instituiu sacerdotes sacrificadores, pelo contrário, ele os aboliu. Ele estabeleceu apóstolos cuja missão é facilitar aos homens seu encontro com ele, em um único sacrifício redentor.

---

[28] Pretendo dedicar uma reflexão mais desenvolvida a essas duas questões. Pois, mesmo em nossos dias, muitos teólogos ainda não explicam a eucaristia pelo mistério pascal, do qual ela é sacramento.

[29] Desse modo a eucaristia ficaria semelhante menos à "mesa do Senhor" (1Cor 10,21) do que a um altar sobre o qual o sacerdote imola novamente uma vítima. Essa interpretação influenciou a prática eucarística. Os fiéis "assistiam" ao sacrifício da missa e raramente comungavam. Além do que, a distinção entre padres e leigos era compreendida como uma separação: de um lado o padre, o único que tem o poder de sacrificar, diante dos fiéis que assistem ao sacrifício. A eucaristia é o sacramento do único sacrifício de Cristo; a Igreja oferece esse único sacrifício, do qual também participa graças a esse sacramento.

Em nossos dias, a teologia não fala mais de uma repetição do sacrifício, a eucaristia é compreendida como o sacramento do sacrifício que aconteceu uma só vez, mas continua atual. Quando, porém, não se leva em consideração a unidade da morte e da glorificação de Jesus, chega-se a afirmar que a eucaristia é um símbolo que, assim como um retrovisor, relembra a morte, que é, para sempre, um fato já acontecido. Ora, Jesus afirma: "Isto é meu corpo entregue, meu sangue derramado". Não se pode afirmar uma presença real, sem admitir a atualidade do sacrifício. Cristo é tanto entregue, como presente, e presente para sempre: no mistério de sua morte filial, eternizada pela glória.

A eucaristia não repete o único e irreiterável sacrifício; ela não é, de maneira alguma, uma simples figuração evocativa do sacrifício passado: ela é sua emergência nas realidades deste mundo, tornando-o acessível à comunhão dos fiéis. Ela é sacramento pascal, não pós-pascal, a páscoa única que foi celebrada por Jesus e seus discípulos. "Todas as vezes que celebramos este sacrifício torna-se presente nossa redenção (*exercetur*)".[30]

O mistério pascal está oculto, a eucaristia o faz emergir, faz com que ele se torne visível. Jesus havia dito: "Onde está minha sala, em que comerei a páscoa com meus discípulos?" (Mc 14,14). Hoje em dia, ele introduz seus discípulos na eterna celebração de sua páscoa de morte e de ressurreição. A eucaristia é o sacramento do sacrifício de Cristo, porque, por ela, Cristo se doa à Igreja em seu único sacrifício, em sua morte e sua ressurreição, nas quais foi eternizado. Ele se doa a ela, a fim de que ela celebre com ele o único sacrifício.

---

[30] Oração sobre as oferendas, que se reza na Quinta-feira Santa e no segundo domingo do tempo ordinário. O teor primitivo dessa oração, muito antiga, era, segundo M. C. MOHLBERG, *Sacramentarium Veronense*, VIII, XXV, 93, Roma, 1956, p. 16: *Quotiescumque hujus hostiae commemoratio celebratur, opus nostrae redemptionis exseritur*, a obra de nossa redenção se realiza exteriormente, torna-se patente, emerge.

E como ela o celebra? Não por sua repetição, pois ele é único. Não por sua complementação, ele é infinito. Ela celebra o sacrifício aceitando-o: "Tomai, comei" (Mt 26,26). Essa é a lei fundamental da celebração eucarística. Cristo vem, a Igreja o recebe. Cristo vem em seu sacrifício, a Igreja o acolhe em seu sacrifício. Ela oferece recebendo, mas não recebe passivamente. Ela se deixa apossar por Cristo em sua parusia eucarística, deixa-se assumir no sacrifício redentor. Dele ela participa acolhendo-o, celebra-o numa concelebração que a identifica com Cristo.

A eucaristia é o corpo de Cristo no ato redentor, dado à Igreja para que a Igreja se torne aquilo que ela recebe, o corpo de Cristo no ato redentor. Assim, salva em Cristo e com ele, ela participa na salvação do mundo.

A outra questão é secundária. Mas é principalmente para ela que se volta a sagacidade dos teólogos:[31] como o pão e o vinho se tornam o corpo e o sangue de Cristo, permanecendo inalterados em suas aparências?

Dois caminhos se oferecem à reflexão, partindo seja das realidades terrestres (pão, vinho, refeição), seja do mistério do qual se tornam sacramento.

Desde a Idade Média, os teólogos optaram pelo primeiro caminho: como o pão e o vinho podem ser transformados no corpo e no sangue de Cristo? Como uma ceia pode tornar-se um sacramento de união com Cristo?

A teologia escolástica interrogou a filosofia de Aristóteles, que distingue em toda realidade material "a substância" e "os acidentes" (aquilo que é agregado à substância). Estes seriam a quantidade, a qualidade, o sabor, o aspecto... por meio dos quais substâncias diferentes, como o pão e o vinho, podem ser apreendidas sob um

---

[31] Pelo menos no Ocidente.

mesmo ponto de vista pelos sentidos. Sendo real a distinção entre substância e acidente, Deus, que é todo-poderoso, pode transformar as substâncias do pão e do vinho nas substâncias de um corpo ou de um sangue, mantendo, contudo, na existência, os acidentes inerentes ao pão e ao vinho.[32]

Aos que seguem a filosofia aristotélica, essa explicação mostra que a fé na presença eucarística não contradiz a razão. Mas ela é estranha ao mistério pascal e, portanto, à eucaristia, que é seu sacramento. Estranha também é[33] ao mistério da encarnação, do qual o mistério pascal é o ápice, como é também o fundamento de toda sacramentalidade. Na encarnação, a humanidade de Jesus foi assumida pela divindade, sem nada perder das riquezas humanas, ao passo que o pão e o vinho tornar-se-iam o corpo e o sangue de Cristo, deixando de ser pão e vinho. O poder divino de que se fala, é o poder do criador que poderia transformar uma substância terrestre em qualquer outra substância terrestre. Ora, trata-se de Cristo, que é único, que não é terrestre. Único é o poder que transforma os elementos eucarísticos: é o que ressuscita Jesus, é o poder do Espírito Santo que lhe propicia tudo submeter a si, tudo transformar (cf. Fl 3,21). Essa teoria não entende as palavras "corpo" e "sangue" em seu sentido bíblico, pelos quais Jesus se refere inteiramente a si mesmo, indicando sua imolação e sua entrega. Ela ignora também que a eucaristia é o sacramento do sacrifício, à medida que e porque é o sacramento da presença. A presença, nessa teoria, é estática: é a presença de duas substâncias, do corpo e do

---

[32] Essa teoria teve um grande mérito, que foi o de superar o dilema: ou uma simples presença significada pelo pão (Berengário de Tours), ou então uma presença semelhante à de um corpo terrestre, onde o corpo de Cristo é "tocado e rompido pelas mãos dos padres e triturado pelos dentes dos fiéis" (Denzinger-Sch. 690).

[33] Os seguidores dessa teoria ressaltam a ausência de uma analogia entre a eucaristia, como eles a entendem, e o mistério da encarnação. Jesus é um homem verdadeiro, ao mesmo tempo em que é homem-Deus, ao passo que o pão cessaria de ser pão ao se tornar eucaristia.

sangue, ao passo que o mistério pascal, de que a eucaristia é sacramento, é parusíaco. A presença de Cristo em sua páscoa é a presença de uma pessoa, não apenas de uma substância, de uma pessoa que vem, convida e se doa: "Tomai e comei! Isto é o meu corpo, entregue por vós". Em sua explicação escolástica, a transformação eucarística é um elemento errático na paisagem cristã, sem ligação com o conjunto do mistério do Filho de Deus encarnado e salvador. Deve-se procurar a explicação em algum outro lugar.

Em nossos dias outras filosofias substituíram o pensamento aristotélico. Na reflexão sobre a eucaristia, o pensamento tornou-se personalista, mais próximo então do mistério pascal e parusíaco. Mas muitos teólogos ainda procuram a chave para o entendimento nas realidades terrestres. Eles se inspiram no poder que o homem tem de transformar uma realidade em uma outra, atribuindo-lhe um novo sentido. Em vez de transubstanciação, fala-se de trans-significação. Para um rebanho, as flores que desabrocham no pasto são alimento. Para o jovem que as colhe e as oferece a sua namorada, elas não são mais erva no pasto, mas um buquê carregado com o sentido que o amor lhes confere. A taça de vinho da qual bebem dois enamorados, que podem até não ter sede, a não ser a de se amarem um ao outro, é sinal e realização de comunhão. Jesus, "tendo amado os seus que estavam no mundo, amou-os até o fim" (Jo 13,1), tomou o pão, deu-o: "Tomai, isto é o meu corpo entregue por vós". O pão transformou-se, mas continuando a ser pão! O pão tornou-se sacramento de comunhão.

A ilustração é interessante, mas a explicação continua sendo inadequada. A transformação assim realizada é um paliativo, um esboço de comunhão entre duas pessoas que, contudo, permanecem separadas. Elas se unem por meio de símbolos carentes de uma realidade pessoal. Os esposos, para se unirem um ao outro, não se valem de símbolos semelhantes. Na eucaristia, Cristo e Igreja se esposam. Cristo se apodera do pão e do vinho para realizar aquilo que os esposos desejam: uma comunhão real em um só corpo. Ele não *atribui* um sentido novo ao pão e ao vinho, nem mesmo à ceia,[34] ele *cria* seu sentido eucarístico, sua verdade pascal e parusíaca e realiza a união em um só corpo, o corpo de Cristo. A eucaristia prepara, assim a ressurreição final (Jo 6,58), o que a teoria da trans-significação, ao que parece, não consegue explicar.

O pão, o vinho e a ceia tornam visível aquilo de que se tornaram sacramento, mas não explicam como se tornaram isso. Para compreender, é preciso interrogar o próprio Cristo que, em seu mistério pascal, faz do pão e vinho seu sacramento. A chave para a compreensão encontra-se na casa, a porta se abre por dentro, é o próprio mistério pascal que explica sua vinda e sua presença eucarística, pois, por sua natureza, ele é parusíaco.

Como Cristo está presente neste mundo e pode tornar visível essa sua presença? Deus está presente em razão de sua onipotência criadora; Cristo está presente em virtude da encarnação que atingiu a plenitude pascal. O Pai está presente sem fazer parte da criação. Cristo está no interior do mundo, pois ele pertence a esse mundo. Como Cristo é interior ao mundo? Não como qualquer outra criatura. Ele é onipresente porque é também a plenitude de toda criação, no qual tudo começa e para o qual tudo foi criado; uma vez que é a plenitude da qual tudo provém e para a qual tudo foi criado: "Ele é a imagem do Deus invisível, o Primogênito de toda criatura, porque nele foram criadas todas as coisas, nos céus e na terra, as visíveis e as invisíveis... tudo foi criado por ele e para ele. Ele existe antes de tudo e tudo nele subsiste" (Cl 1,15s.). Assim, ele está presente no mundo porque é

---

[34] "A atribuição de sentido" praticada pelos homens é apenas um emprestar. Quando a moça (cf. atrás) deixar cair o buquê, alguma vaca virá comê-lo, pois em si ele não é mais do que erva. Na lógica da teoria da trans-significação, chegou-se ao ponto de se levar de volta para a sacristia as hóstias ou o vinho consagrados e não consumidos na celebração, como se fossem pão e vinho comuns, ninguém mais lhes atribuindo um sentido eucarístico.

o alfa e o ômega, e como tal ele age sobre esse mundo no poder do Espírito Santo, pelo qual é ele o Senhor, "com poder de submeter a si todas as coisas" (Fl 3,21).

Se ele quiser pontuar sua presença no mundo, se quiser fazer do pão, do vinho e da assembleia dos fiéis sacramento de um modo mais intenso de estar presente, até mesmo de uma presença total, ele tem o poder de agir sobre suas criaturas intensificando sua presença nelas, que nele foram criadas, que para ele foram criadas e nele subsistem. *É só ele se assenhorear ainda mais daquilo que já lhe pertence, criando, mais imperativamente, essas realidades para si.*

Ele não entra, vindo de fora, ele já está presente, pois todas as coisas nele subsistem, criadas nele e para ele. Ele não desce do céu, não deixa o além onde se acha, não deixa de ser o futuro do mundo que ele é: ele vem, atraindo para si o pão, o vinho, os fiéis. Ele não transfere para o pão, para o vinho, para os fiéis, seu próprio ser, transformando-os em simples aparências,[35] pois a função daquele que é a plenitude e a fonte não é função de alterar, de anular ou de esvaziar, mas de completar, de levar as realidades das quais é fonte a um acréscimo de ser, a sua verdade mais autêntica; pão e vinho se tornam, assim, "o verdadeiro alimento", "a verdadeira bebida" (Jo 6,55). Todo aquele que deles usar não morrerá (Jo 6,50), a vida da ressurreição foi anunciada (Jo 6,58). Sem deixar de ser "fruto da terra e do trabalho do homem", esse pão torna-se "o pão da vida" eterna.

A liturgia utiliza uma linguagem precisa. Ela fala da santificação, da consagração das oferendas. Como Deus santifica as realidades

---

[35] De acordo com a explicação escolástica, na eucaristia não existe nem vinho nem pão, deles restaram apenas "os acidentes" sem a substância do pão e do vinho. De acordo com a teoria da trans-significação, o sentido pode ser totalmente transmudado, por exemplo, o buquê oferecido (ver atrás) não é simplesmente erva que pode ser pastada. O pão torna-se, pelo contrário, o pão mais verdadeiro que possa existir, pão que se come e que alimenta o homem todo inteiro para a ressurreição final: portanto, um pão cuja significação não foi abolida, mas reforçada.

terrestres? Pelo poder do Espírito Santo, pelo qual Deus glorifica o Cristo e faz dele a substância profunda do mundo. Deus transforma o pão e o vinho e ao *enriquecer seu ser, ele o enriquece acrescendo (não apenas* acrescentando*), acresce atraindo para uma relação mais próxima, até mesmo imediata com aquele em quem e para quem tudo foi criado, que é a plenitude final: Cristo, em quem "tudo subsiste"* (Cl 1,17). O pão terrestre se torna *pão escatológico,* a ceia da comunhão celeste com Cristo morto e ressuscitado. Assim como o corpo de um homem é a visibilidade de sua pessoa, o pão consagrado tornou-se o corpo eucarístico de Cristo, a visibilidade de sua presença sempre íntima à Igreja peregrina, a fim de que, já a partir desta terra, ela finque suas raízes na plenitude filial.

A eucaristia é apenas um dos elementos, o mais central, do instrumental sacramental instaurado pela ressurreição de Jesus. A Igreja, também ela, é o "corpo de Cristo" (cf. Ef 1,23), sacramento da plenitude pascal. A analogia com a eucaristia é evidente; os primeiros séculos sempre tinham isso em alto grau de consideração.

Ireneu escreveu: "Assim como o pão que vem da terra, depois de receber a invocação de Deus não é mais um pão ordinário, mas a eucaristia constituída por duas coisas, uma terrestre e outra celeste, assim nossos corpos, que participam da eucaristia, não são mais corruptíveis, pois que eles fizeram a experiência da ressurreição".[36]

Fausto, bispo de Riez (morto mais ou menos em 500), é explícito: "Interroga-te a ti mesmo, tu que já estás regenerado por Cristo...

---

[36] *Adversus haereses*, IV, 18,5; cf. V, 2, 3. *SC* 100, 611-3; 153,35-7. Ambrósio, *De sacramentis*, 4, 16. *SC* 25bis, 111: "Antes da consagração não há o corpo de Cristo, mas depois da consagração, eu te digo que é o corpo de Cristo. Ele disse e isto aconteceu; ele ordenou, e isto foi criado. Tu existias, mas eras uma criatura velha; depois que foste consagrado, começaste a ser uma nova criatura". Agostinho, *Sermo* 272, *PL* 38, 1246-8: "É vosso próprio sinal sacramental que está por sobre a mesa do Senhor: vós recebeis o sinal sacramental daquilo que sois... Sede, pois, verdadeiramente, o que sois e recebei aquilo que sois". Ver também Gregório de Nissa, *Or. Cat.* 37, 3, *PG* 45, 93-6.

Por que deveria parecer-te inaudito e impossível que os elementos terrestres e mortais possam ser transformados na substância de Cristo?... Exteriormente nada recebeste a mais, interiormente tu foste transformado por inteiro... E assim também quando sobes ao altar venerável, para aí seres saciado, vês pela fé o corpo e o sangue sagrados de teu Deus... Não se pode duvidar que essas criaturas materiais, o pão e o vinho, não possam, sob o comando do Poder... transformar-se em natureza do corpo de Cristo, quando se vê que o próprio homem se torna o corpo de Cristo por obra da misericórdia divina".[37]

A Igreja e a eucaristia carregam um mesmo nome: corpo de Cristo. Uma, como a outra, constitui a Nova *Diathêkê* (Instituição, Aliança): "Este cálice é a Nova Aliança em meu sangue" (Lc 22,20; 1Cor 11,25), essa "Nova Instituição" que é também "a Jerusalém, nossa mãe" (Gl 4,24-6), a Igreja em seu mistério. Pelo mesmo poder do Espírito Santo, Jesus em pessoa é ressuscitado e é ressuscitado visivelmente sob forma de Igreja e de Eucaristia.

Ora, Deus quis transformar os homens no corpo de Cristo ao vocioná-los em Cristo, para um novo relacionamento com ele, fazendo-os se integrarem mais àquele "no qual e para o qual" eles foram criados. Eles não são despojados de sua humanidade natural, nenhum dos valores humanos é alterado, tudo é elevado, consagrado em um novo relacionamento imediato com Cristo. É a partir daí que os homens "são em Cristo" (cf. 1Cor 1,30); Cristo vive em Paulo sem que Paulo deixe de ser ele mesmo: "Cristo vive em mim... minha vida presente na carne, eu a vivo pela fé no Filho de Deus" (Gl 2,20). O mesmo acontece com o pão e o vinho: eles são consagrados num relacionamento imediato com Cristo em sua páscoa, totalmente "escatologizados".[38]

---

[37] *De Paschate, PL* 67, 1053-9.

[38] Analogia significa semelhança e diferença. Grande é a semelhança entre a eucaristia e a Igreja. Grande também é a diferença. Um cristão é uma pessoa e uma liberdade. O pão e o vinho não o são. Cristo pode assemelhá-los a si sem resistência, instantaneamente e inteiramente, tornando-os meios materiais de sua presença no mundo.

Numerosas outras analogias trazem novas luzes. Tudo, no cristianismo, fala de uma salvação que nada exclui, mas conduz à plenitude. Jesus não aboliu a lei e os profetas, ele os completou (Mt 5,17). A palavra de Jesus (Jo 14,24) e a palavra de Paulo (1Ts 2,13) são palavras de Deus, sem deixar de ser de Jesus e de Paulo. O princípio é universal: a graça não destrói a natureza, ela a eleva.

É o mistério da encarnação que oferece a analogia mais luminosa. Durante a vida terrestre de Jesus, os homens viam nele um autêntico homem. Eles não estavam enganados. A experiência vê na eucaristia verdadeiro pão e verdadeiro vinho. E ela não se engana. Jesus é um homem, mas divinamente consagrado (Jo 10,26); a eucaristia é pão e vinho, mas consagrados pelo Espírito Santo em Cristo. O olhar de Pedro via o homem e o Filho de Deus; o olhar dos cristãos vê o pão e o vinho e Cristo presente. Para os Pais da Igreja do Oriente, o mistério da encarnação foi o modelo de inteligibilidade da transformação eucarística. Em meados do segundo século, São Justino escreveu: "Da mesma maneira, portanto, que feito carne pelo Verbo divino, Jesus Cristo nosso salvador teve carne e sangue... assim também um alimento "eucaristizado" por uma palavra de oração dele provinda... é a carne e o sangue de Jesus feito carne. É isto que nos foi ensinado".[39]

A encarnação não oferece uma analogia apenas: alcançando sua plenitude pascal, é ela que torna realidade a eucaristia.[40]

---

[39] *Apologia*, 66.
[40] A respeito da consagração do pão e do vinho explicada pelo mistério pascal, do qual é sacramento, permito-me indicar meu trabalho *L'Eucharistie, sacrement pascal*. Paris: Cerf, 1980.

IX
MISTÉRIO PASCAL E CRIAÇÃO

O pensamento cristão sempre se caracterizou como um pensamento estritamente monoteísta. No entanto, desde sua origem ele sempre atribuiu a Cristo uma atividade que é própria da divindade, a atividade criadora. Essa afirmação está encaixada na lógica da fé em Jesus Cristo ressuscitado na onipotência, assentado à direita de Deus. Os discípulos sabiam que Deus havia agido com a "extraordinária grandeza de seu poder... conforme a ação de seu poder eficaz que ele fez operar em Cristo, ressuscitando-o dentre os mortos e fazendo-o assentar-se a sua direita nos céus, muito acima... de todo nome que se pode nomear" (Ef 1,19-21). O nome de Senhor, agraciado a Jesus (Fl 2,9s.) é o nome de Deus em sua onipotência criadora. Elevado "acima de tudo" (Ef 1,22), Cristo exerce um poder que atinge os alicerces do universo.

"Tudo foi criado nele"

Deus é Pai, e é como Pai que ele sempre age.[1] Se ele cria, ele o faz na relação com o Filho, no interior do mistério da paternidade e

---
[1] Toda "obra externa", como a criação, é comum às três pessoas. É uma obra trinitária. Nas obras comuns, cada Pessoa desempenha sua função.

da filiação: "Tudo foi feito por meio dele e sem ele nada foi feito de tudo o que existe" (Jo 1,3). Tratar-se-ia, no prólogo de João, do Filho considerado fora da encarnação ou de Jesus Cristo? Isso pode ser discutido. De qualquer modo, para Paulo a referência é a Jesus Cristo, o Verbo encarnado, que é mediador da criação: "Para nós, contudo, existe um só Deus, o Pai, de quem tudo procede e para quem nós somos" (1Cor 8,6). É Jesus que é cantado pelo hino de Cl 1,15-20: "Porque nele foram criadas todas as coisas... tudo foi criado por ele e para ele. Ele é antes de tudo e tudo nele subsiste". Celebra-se aquele "no qual temos a redenção" (v. 14), "que é a imagem (visível) do Deus invisível, o primogênito de toda criatura". Embora primogênito de toda criatura, ele pertence à criação, mesmo lhe sendo transcendente. Segundo Apocalipse 3,14, Jesus é "o Princípio da criação de Deus".

Mas, pode-se atribuir a Jesus Cristo semelhante papel, dizer que "ele é antes de tudo e tudo nele subsiste" (Cl 1,17), sendo que foi tardia sua entrada na história? A afirmação nada tem de contraditório, pois se trata do Cristo da glória. Trata-se do Senhor, portanto, de Jesus glorificado, que Paulo declara: "de quem tudo procede" (1Cor 8,6). É no Cristo glorificado que ele vê "a imagem de Deus" (cf. 2Cor 4,4), na qual tudo foi criado. O "Primogênito de toda criatura" é idêntico ao Primogênito dos mortos (Cl 1,15-18).

O Senhor Jesus Cristo (Fl 2,11) está assentado à direita de Deus,[2] ele participa da onipotência de seu Pai que lhe concede ser tudo o que é. Nada contradiz a afirmação: "Ele é antes de tudo" (Cl 1,17), pois, em sua glorificação, Jesus foi inteiramente assumido no instante eterno da geração do Filho. Deus o ressuscita dizendo-lhe: "Tu és meu Filho, eu hoje te gerei" (cf. At 13,33). O instante no qual Jesus foi assumido é um instante eterno, existindo antes de tudo, sendo a origem de tudo. A presença de Jesus ao mundo não é temporal, é original, pois a criação começa na geração do Filho no mundo. Deus cria na

---

[2] Mt 25,64par.; At 7,55; Rm 8,34; Ef 1,20; Cl 3,1; Hb 1,3; 10,12; 12,2; 1Pd 3,22.

relação com seu Filho; ele cria pelo poder do Espírito Santo no qual gera o Filho. A criação tem sua origem na Trindade, na qual Jesus foi assumido. Ela teve um começo; contudo é eterna em sua origem: em Cristo e no hoje de sua geração pelo Pai.

Se tudo foi criado em Cristo, poder-se-ia pensar que a criação, desde sua origem, encontra-se na linha daquilo que ela é nesse momento, o Cristo da glória. Ora, Cristo, sendo homem foi criado, sendo homem-Filho de Deus foi gerado por Deus: ele foi criado e gerado. A ação de Deus que ressuscitou Jesus é muito misteriosa, pois é, ao mesmo tempo, geradora e criadora. Deus cria-gera esse homem Jesus *ex nihilo*, a partir da morte que reduz o homem a nada; ele o cria-gera *ex plenitudine*, num transbordamento infinito de seu ser paternal infinito.

A mesma coisa sucede com os homens, mas em nível diferente: eles são criados-gerados. Não antes criados, e depois adotados. Desde sua origem, eles vivem num tipo de existência filial, já participando do mistério eminentemente filial (Rm 8,23) ao qual Deus os destina, o mistério da ressurreição em Jesus Cristo.

O Espírito Santo é o poder no qual Deus cria-gera seu Filho no mundo (Lc 1,35) e o conduz, através de sua vida terrestre e de sua morte, à gloriosa plenitude filial (cf. Rm 8,11). Foi também ele que pairou sobre as águas primordiais (Gn 1,2), ele é o Sopro de vida: "Envia teu sopro e eles são criados, e assim renovas a face da terra".[3] Esse Espírito criador tem o poder da geração divina:[4] o homem é uma criatura filial. Sendo um ser filial, ele se sabe provindo de um outro, sua pessoa se realiza na doação, na aceitação, à imagem de Cristo "estabelecido Filho de Deus com poder" (Rm 1,4), quando se entregou totalmente ao Pai na morte. Ele é um ser em aberto, que se constrói no desejo e na receptividade. A definição de pessoa humana deve levar em consideração esse aspecto filial.

---

[3] Sl 104,30; 33,6; Jó 34,14s.
[4] Ver mais adiante, capítulo XI.

O Espírito Santo é "amor de Deus" (cf. Rm 5,5). Deus ressuscita Jesus no Espírito Santo (Rm 8,11). Ele o ressuscita amando-o e "amorizando-o", fazendo dele "um espírito que dá a vida" (1Cor 15,45). Deus cria-gera os homens amando-os em seu Filho: "Aberta sua mão com a chave do amor, surgiram as criaturas".[5] A criação, pelo fato de ser criada em Cristo e no Espírito, está entremeada com sementes de amor, graças às quais os homens são filhos de Deus: "Todo aquele que ama nasceu de Deus" (1Jo 4,7).

O homem já foi definido como um ser-para a morte. Ele é, também, um ser-para a ressurreição. Segundo o desígnio criador, o homem está destinado a morrer com Cristo que o Pai ressuscita. É dessa maneira que o homem é imortal, não isento da morte, mas criado para ressuscitar através da morte.[6]

Porque Deus cria em Cristo, que é a imagem do Deus invisível, um reflexo divino lampeja na face do homem. A palavra de Jesus: "Quem me vê, vê o Pai" vale tanto para o homem como para toda essa realidade filial que é a totalidade da criação: "Sua realidade invisível – seu eterno poder e sua divindade" – tornou-se inteligível, desde a criação do mundo, por meio das criaturas" (Rm 1,20). Melhor ainda do que pelos caminhos escarpados do raciocínio, é pelo simples olhar sobre o mundo que o homem descobre Deus. Esse olhar precede a fé, pela qual os olhos penetram o mistério íntimo de Deus. A criação é uma primeira Sagrada Escritura, redigida por Deus no Espírito Santo, oferecida à leitura de todos os homens. Jesus Cristo, no qual e para o qual tudo foi criado é, por excelência, essa Escritura Sagrada. Nesse sentido, o cristianismo é uma religião do livro.[7]

---

[5] Tomás de Aquino. *Super Sententiis, Proemium in Lib. II.*

[6] A morte que ameaça o homem, por causa de sua desobediência (Gn 2,17), não é simplesmente a morte física, mas aquela que o separa de Deus, fonte da vida.

[7] Costuma-se classificar o cristianismo entre as religiões que se baseiam num livro sagrado. Mas ele não o é à maneira do Islã, nem mesmo do judaísmo. A Sagrada Escritura é de importância fundamental para o cristianismo, mas a própria Escritura Sagrada atesta que Jesus é maior do que aquilo que todos os livros do mundo poderiam afirmar a seu respeito (Jo 21,25). Antes de tudo, o que os cristãos leem é a pessoa de Jesus. Eles o leem unido-se a ele, especialmente na celebração eucarística.

"Tudo foi criado para ele"[8]

A plenitude que existe em Cristo é a fonte da qual tudo jorra, e o oceano para o qual tudo corre. Deus cria a partir do Filho, atraindo para ele.

A ideia de que Deus cria atraindo é familiar à Escritura: "Clama à existência as coisas que não existem".[9] Se se quiser imaginar o ato criador, basta imaginar algo semelhante a um apelo que, vindo da plenitude, atrai em sua direção. O cristão existe enraizado na plenitude que virá e atraído fortemente em sua direção. Cristo glorioso é o alfa e o ômega, a plenitude que é também a fonte. Nele, tudo foi criado para ele. O senhorio de Cristo elevado acima da terra, realiza-se por atração (cf. Jo 12,32).

Por ter assim sido criado, a existência do mundo se dá numa situação de *in-quietação*, uma existência em marcha. As realidades chamadas carnais precedem, na história, aquelas que são espirituais, definitivas: "Primeiro foi feito não o que é espiritual, mas o que é psíquico (carnal), o que é espiritual, vem depois" (1Cor 15,46). Os primeiros anunciam os outros: "Se há um corpo psíquico (carnal), há também um corpo espiritual" (1Cor 15,44). A história sagrada vai da "carne" ao "espírito", isto é, à realidade celeste que é o Cristo da glória: "O Senhor é o Espírito" (2Cor 3,17), "espírito que dá a vida" (1Cor 15,45). O Espírito é a realidade permanente, da qual as instituições do Antigo Testamento não passaram de sombra: "São apenas sombras de coisas que haviam de vir, mas a realidade (que projeta a sombra) é o corpo de Cristo" (Cl 2,17).

---

[8] A tradução mais comum é "Tudo foi criado por ele". A preposição grega *eïs* designa um movimento para Cristo. Paulo afirma: "Existe um só Deus, o Pai, de quem tudo procede e para (*eïs*) quem nós somos" (1Cor 8,6).

[9] Rm 4,17; cf. Is 41,4; 48,13; Ez 36,29; Sb 11,25.

A criação está estruturada em degraus, da matéria dita inerte até ao homem em sua dignidade de pessoa relacional. Ela está direcionada para Cristo em sua relação filial com Deus. A humanidade não atingiu, já em sua origem, sua perfeição filial. Segundo Santo Irineu, Adão foi apenas um recém-nascido em humanidade,[10] o feliz casal colocado em um local paradisíaco no começo da narrativa bíblica, significa que a obra de Deus é boa: "Deus viu tudo o que tinha feito: e era muito bom" (Gn 1,31). Mas o verdadeiro paraíso não está no começo. Aos olhos de São Paulo, Adão é o homem terrestre, criado na imperfeição, incapaz de transmitir a vida verdadeira, simples psique viva. A perfeição está no final, no "último Adão", que se tornou "espírito que dá a vida" (1Cor 15,45). O paraíso original situa-se ali onde a criação termina e começa, "nos céus", isto é, "em Jesus Cristo (Ef 2,6). Jesus o compartilha com o bom ladrão: "Hoje estarás comigo no Paraíso" (Lc 23,43). Nele reside a justiça original pela qual o homem foi criado. Nele os homens possuem a imortalidade, em sua morte repleta de vida eterna. "O último Adão" (1Cor 15,45) é o ancestral em profundidade, o verdadeiro, do qual os homens descendem em virtude da atração por ele exercida. Na convergência para o Cristo que é a origem, a raça humana encontra seu princípio de unidade, melhor do que em um ancestral terrestre único que, ao gerar, dispersa seus descendentes.

O poder que atrai para a perfeição final é o mesmo poder que, em Cristo, realiza a perfeição final: o Espírito criador e de filiação divina, pelo qual Jesus ressuscita para a plenitude filial. Ele age no mundo como poder de "filialização": "Nós que temos as primícias do Espírito, gememos interiormente, suspirando pela redenção de nosso corpo" (Rm 8,23). Espírito de amor, ele atrai pelo amor para com o Filho gerado no amor: "Nossa pedra angular está assentada nos céus, para nos atrair para ela pelo peso da caridade".[11]

---

[10] *Demonstração*, 72, *SC* 406, 101.
[11] AGOSTINHO, *Sermo 337. In dedic, Ecclesiae, PL* 38, 1477.

Criação e redenção, uma obra única

Seguindo uma teologia até recentemente bastante difundida, criação e redenção constituem duas obras distintas, sucessivas. Deus cria, o pecado estraga a criação. Deus prepara um novo plano que conserta para melhor sua primeira obra. Mas se Deus cria em seu Filho que é essencialmente Salvador, a obra, de uma só vez, apresenta-se como criação e redenção. O plano de Deus, apresentado em Efésios 1,1-10 é igualmente cósmico e salvífico. O desígnio de Deus é também único, de acordo com Hebreus, 2,10: "Convinha, de fato, que aquele por quem e para quem todas as coisas existem, conduzindo muitos filhos à glória, levasse à perfeição, por meio de sofrimentos, o Autor da salvação deles". Criação e destinação à salvação são inseparáveis: "Conduzir à glória" é conduzir a criação a seu termo.[12]

Foi a fé no senhorio salvífico de Cristo que, parece, deu origem à ideia do papel cósmico de Cristo. O senhorio é o de Deus (cf. Fl 2,9-11), que é um senhorio absoluto: é o senhorio do Deus criador. O palavreado cosmológico, utilizado pelos primeiros cristãos, foi buscado na teologia da redenção.[13] Semelhante à experiência feita com as intervenções salvíficas de Deus que conduziu Israel à fé em um Deus criador e todo-poderoso.

O desígnio de Deus é um, porque desde o princípio foi orientado para uma salvação futura. A ação criadora já é, em si mesma, salvífica, integrada no mistério da redenção, na geração do Filho no

---

[12] A mesma ideia inspira, ao que parece, Hebreus 1,2. Muitas vezes, já se interrogou: a encarnação teria acontecido se o homem não tivesse pecado? Essa é uma questão insolúvel, somente Deus sabe o que ele teria feito. Mas, a partir daquilo que ele fez, nós sabemos isto: Deus quer conduzir a humanidade, que é pecadora, à dignidade filial, criando-a em seu Filho e para ele.

[13] "Imagem de Deus", cf. Cl 1,15 e 2Cor 3,18; 4,5. "Primogênito", cf. Cl 1,15 e Rm 8,29; Cl 1,18. "Nele", cf. Cl 1,16 e 1Cor 1,30. "Para ele", cf. Cl 1,16 e Rm 6,3; 1Cor 1,9; 12,13.

mundo pelo poder do Espírito Santo. Com efeito, se "tudo subsiste nele" (Cl 1,17), que é o Cristo glorificado em sua morte por todos, a humanidade encontra-se ancorada no mistério de sua redenção, foi criada nele.

Na vida humana, criação e redenção se sucedem, ainda mais se considerarmos que a redenção supõe homens decaídos pelo pecado, depois de terem sido criados. Mas o olhar profético da fé ajusta-se à perspectiva divina, que parte da plenitude que é fonte de tudo: "Bendito seja o Deus Pai de nosso Senhor Jesus Cristo, que nos abençoou com toda a sorte de bênçãos espirituais, nos céus, em Cristo, nele ele nos escolheu antes da fundação do mundo" (Ef 1,1-4). O "Cordeiro sem defeitos e sem mancha" embora manifestado "no fim dos tempos" estava predestinado "antes da fundação do mundo" (cf. 1Pd 1,19s.).

Se assim é, o homem, por criação, pertence à ordem da salvação. Ele não foi criado pecador. Poderia Deus criar pecadores? A obra de Deus é boa. Em todo ser humano, desde seu nascimento, existe uma dimensão crística e filial. O pecado sobreveio ao homem, sobrepondo-se à graça, atingindo cada homem. Mais do que o pecado, é a graça que é original.[14] O Deus santo é o Pai que cria filhos, não pecadores. O homem descende, em grau muito mais profundo, do Cristo que há de vir do que do pecado de Adão, pois não foi em Adão que ele foi criado. A vontade salvífica universal de Deus pertence, está inserida na ação criadora, ao mesmo tempo em que é um apelo à colaboração do homem, para que ele se deixe criar por Deus e ser salvo de seus pecados.

Para seguir a lógica de uma teologia que distingue duas ordens sucessivas, a da criação frustrada e a da redenção, o homem deve, para

---

[14] Essa afirmação não nega, pelo contrário, reafirma a doutrina do pecado que, desde a origem, pesa sobre a humanidade.

ser salvo, entrar previamente na ordem da redenção, uma vez que nasceu fora dela. Os meios para isso são a fé e o batismo. Quem não puder se valer deles, fica excluído da salvação.[15] Se, pelo contrário, o desígnio de Deus é único, se o homem foi criado em Cristo e para Cristo, por nascimento ele já pertence a essa ordem, beneficiado por certo relacionamento com Cristo, a Igreja e a salvação.[16] A iniciativa do Deus salvador mostra-se absoluta, assim como a gratuidade da graça total. Os homens são efetivamente chamados à salvação, antes de a terem procurado. Só não obterão a salvação se não a quiserem.[17]

Os homens recusam a salvação quando não se deixam atrair para aquele que é a salvação. Então eles abandonam a ordem da salvação, pois o homem está inscrito na ordem da salvação como um futuro a se realizar na atração e comunhão com o Filho: "Vos chamou à comunhão com seu Filho Jesus Cristo, nosso Senhor" (1Cor 1,9). O homem, Filho de Deus por criação, deve, ainda, deixar-se filializar pelo criador. Apesar do peso dos pecados, que desde a origem pesa sobre

---

[15] Como seria muito injusto mandar para o inferno crianças que tivessem morrido sem o batismo, e que, portanto, não teriam podido entrar na ordem da salvação; essa teologia imaginou "o limbo' para essas crianças que, excluídas da ordem da salvação por causa do pecado original, seriam, contudo, isentas das penas do inferno, gozando de uma "felicidade natural".

[16] Vaticano II. *LG* 13: "Todos os homens são, pois, chamados a essa unidade católica do povo de Deus... à qual pertencem de vários modos, ou à qual estão direcionados".

[17] Se um homem não tem a possibilidade de se valer dos meios ordinários da salvação, Deus lhe fornecerá outros. O Vaticano II, *LG* 22, 5, declara: "Sendo que Cristo morreu por todos e que a vocação última do homem é verdadeiramente única, isto é, divina, nós devemos acreditar que o Espírito Santo oferece a todos, de um modo que só Deus conhece, a possibilidade de serem associados ao mistério pascal". N.T.: O Vaticano II, *LG* 16, declara: "Nem a divina providência nega os meios necessários para a salvação àqueles que, sem culpa, ainda não chegaram ao conhecimento explícito de Deus, mas procuram, com a graça divina, viver retamente. De fato, tudo o que neles há de bom e de verdadeiro, considera-o a Igreja como preparação ao Evangelho e como dom daquele que ilumina todo o homem para que afinal tenha a vida".

a humanidade (Rm 5,12), ele deve se esforçar por se elevar ao ápice da humanidade, abrir espaço para a ação criadora que atrai para a plenitude, em morte progressiva para a situação anterior. Pois a morte total encontra-se naquele que é a plenitude final, Cristo glorificado na morte. O homem encontra a salvação pela criação e na morte para si mesmo, onde aceita plenamente sua condição de criatura filial que se sabe de Deus.

A lei da morte se impõe, mas assim como a morte aconteceu em Cristo, que a aceitou com confiança total na paternidade criadora, morreu gerado. Para o homem que se fecha em si mesmo, a morte é maldição (Gn 2,17) ao passo que, para o homem em comunhão com Cristo, ela é o momento máximo da aceitação filial. Como inimiga do gênero humano, "é por inveja do diabo que a morte entrou no mundo, prová-la-ão quantos são de seu partido" (Sb 2,24). Somente eles! Quando em conformidade com o desígnio criador, ela é o contrário do que parece ser, torna-se o sinal da cruz gloriosa traçado sobre a humanidade. O Verbo de Deus "estava inscrito em forma de cruz na criação... Ele se fez carne e foi suspenso em um madeiro para recapitular em si mesmo todas as coisas".[18] Aquele no qual e para o qual os homens foram criados é "Jesus, nosso Senhor, entregue por nossas faltas e ressuscitado para nossa justificação" (Rm 4,25). Ele é a criatura original, "o primogênito de toda criatura" (Cl 1,15), o protótipo da humanidade.

Por tudo isso, a salvação é inteiramente gratuita. Ela não é mercadoria fornecida como contrapartida por um preço pago, para reconciliar a justiça divina: cabe aos homens aceitar a reconciliação (2Cor 5,19s.). O perdão é anterior à volta do filho pródigo, precede até mesmo o pecado: ele está contido na ação paterno-criadora que opera em Cristo salvador. Ele é gratuito, e para ser doado, só precisa ser

---

[18] IRINEU, *Adversus haereses*, V. 18, 3. *SC* 153, 245.

recebido. Ele não é um aniquilamento do pecado, um esquecimento pelo qual Deus não levaria mais em conta o pecado: ele é uma força criadora, generativa. Ele cura o homem de suas feridas mortais, permitindo-lhe nascer como Filho de Deus.

Até em seus mais extremados desgarramentos os homens podem manter a esperança: *Deus é Deus para eles em seu Filho imolado*. Ele colocou os fundamentos para que sua obra se complete e que o mundo seja salvo: "Pois Deus amou tanto o mundo que entregou seu Filho único" (Jo 3,16). No Filho imolado, o Pai também está imolado, pois "o Pai está em mim" (Jo 14,11). Sendo Deus todo-poderoso, ele existe para o mundo, em seu Filho morto pelo mundo. Ao contemplar o mistério da encarnação redentora João exclamou: "Deus é amor" (1Jo 3,8s.), ele é-para o mundo.

X
A CRIAÇÃO ATÉ O FINAL

Aquilo que Deus começou, ele leva até o fim: "É fiel o Deus que vos chamou à comunhão com seu Filho Jesus Cristo, nosso Senhor" (1Cor 1,9). Deus vai até o fim, até mesmo naquela situação em que se poderia crer que todas as esperanças do homem tivessem chegado ao fim, a morte. Como para seu Filho, Jesus Cristo.

O homem em sua morte

O homem nasceu para morrer, ele é um ser-para a morte. Mas a morte à qual ele foi destinado não é aquela da qual se disse: "Da árvore do conhecimento do bem e do mal não comerás, porque no dia em que dela comeres terás de morrer" (Gn 2,17). Essa morte, verdadeiramente mortal, "Deus não a fez... tudo criou para que subsista" (Sb 1,13s.). Da morte que é absolutamente o fim, a ruptura de toda relação, uma morte verdadeiramente mortal, Deus tem horror, tanto quanto do pecado, do qual ela é a expressão.

Se o homem é, por criação, um ser-para a morte, essa morte deve ser algo diferente daquilo que parece. Deus é criador em sua paternidade, em sua relação para com o Filho; ele cria no Espírito Santo que é potência geradora. Um pai não gera para matar. O Espírito Santo é amor; aquele que ama diz ao outro: "Não deves morrer, eu te amo para sempre". Se o homem é mortal por criação, sua morte só pode estar, no desígnio criador, a serviço do nascimento dos filhos de Deus.

O demônio, que é força de destruição: "homicida desde o princípio" (Jo 8,44), perverteu o sentido da morte. Jesus restaura esse sentido, restituindo-lhe a dignidade original. Ele mesmo viveu a morte de maneira exemplar, filialmente. Mediador da criação e da redenção, ele salva os homens ao salvar sua morte, abrindo a possibilidade de se morrer para o Pai, em comunhão com ele.

Em seu mistério pascal, Jesus é o ponto de convergência dos homens que, embora criados na condição de mortalidade, são criados para ele: "Caifás... profetizou que Jesus iria morrer pela nação – e não só pela nação, mas também para congregar na unidade todos os filhos de Deus dispersos" (Jo 11,49s.). Muitos dentre eles começaram, já em sua vida sobre a terra, a se reunir nele, batizados em sua morte e ressurreição, preparando-se para o último encontro com ele na morte. Mas todos os homens são criados mortais e criados para ele. Todos estão destinados a morrer com ele de sua morte filial.

A Igreja testemunha, de diversas maneiras, sua fé em um reencontro com Cristo na morte. Ela fala do julgamento particular pronunciado por ele na morte de todo homem: ele vem, pois, a seu encontro na morte. Tempos atrás, a Igreja falava muito da descida de Jesus aos infernos, isto é, de seu encontro com os homens que não puderam encontrar Cristo durante sua vida.

Sem esse encontro, ninguém pode entrar no Reino. Cristo que é o Reino é também o caminho para o Reino: "Ninguém vai ao Pai a não ser por mim" (Jo 14,6). Ele é a porta, "quem entrar por mim será salvo" (Jo 10,9). "Cristo é nossa páscoa" (cf. 1Cor 5,7), a passagem e quem passa. O homem, reduzido a nada pela morte, não poderia, por suas próprias forças, levantar-se da terra até Deus. Cristo o coloca no "caminho novo e vivo, que ele mesmo inaugurou através do véu, quer dizer: através de sua humanidade" (Hb 10,20). O pastor imolado carrega as ovelhas por sobre seus ombros. Cristo, desde o além vem ao encontro, atraindo para si: é sempre assim que ele vem. Ao se revelar ele atrai, é sempre assim que ele atrai. Ele é a verdade em seu esplendor, a bondade em sua doçura; e o homem gosta disso. Jesus foi transformado pelo Espírito de amor, tornou-se Cristo-espírito (1Cor 15,45), Cristo-amor; ora, o homem sente-se feliz por ser amado. Alguém resistiria a tanta atração? No momento do perigo extremo, reduzido a uma total impotência, quem recusaria um salvador, esse salvador? Criando o homem tanto para a morte como para fazê-lo nascer através da morte, até parece que Deus cumula o momento da morte com graças supremas.

Pode-se morrer por causa de uma doença ou de qualquer outra causa física. Pode-se morrer, sobretudo, por Jesus Cristo. É ele que faz a morte ser para o Pai.[1] "Se cremos que Jesus morreu e ressuscitou, assim também os que morreram em Jesus, Deus há de levá-los em sua companhia" (1Ts 4,14).[2] Jesus transformou-se na boa morte, assim como ele é também "a redenção" (1Cor 1,30). Ele está pronto para assumir em sua própria morte para o Pai esses seres-para a morte que são os homens, para que eles vivam nele.

A morte é própria de cada um, não compartilhável. Jesus pode, contudo, assumir os homens em si, no qual e para o qual eles foram criados, e salvá-los na morte, comunicando com eles sua morte. Sua morte é imensa, infinitamente aberta; é a morte do Filho de Deus que, no poder ilimitado do Espírito Santo, torna para o Pai, rio sem margens, capaz de drenar para a eternidade esses seres-para a morte, que foram criados nele. Assim ele completa aquilo que foi iniciado

---

[1] É preciso distinguir na morte o aspecto biológico e o aspecto humano, pessoal, complementação do destino humano.

[2] Essa tradução não é única. Poder-se-ia pontuar a frase diversamente: "Assim também os que morreram, Deus há de levá-los, em Jesus, para sua companhia". E essa nos parece mais provável. De qualquer modo, os fiéis morrem "em Cristo" (1Ts 4,16), "no Senhor" (Ap 14,13).

no batismo: reunir os homens em um só corpo, no mesmo Espírito (1Cor 12,12s.) e na mesma morte (Rm 6,3).

Paulo já havia falado dessa comunhão de morte no batismo. Mas em 2Timóteo 2,11, ele trata da morte no fim da vida: "Fiel é esta palavra: se com ele morremos, com ele viveremos". Ser dois em um único morrer é uma comunhão que o amor não pode sonhar nem mais íntima nem mais intensa. São Paulo a deseja com ardor: "Pois para mim o viver é Cristo e o morrer é lucro... meu desejo é partir e ir estar com Cristo" (Fl 1,21-23).[3]

Essa comunhão é eterna, sem temor de qualquer espécie de separação, pois lá não haverá mais divisão que a torne possível. É uma comunhão eterna na morte, uma morte que faz parte da vida celeste, para os fiéis como para Cristo, porta sempre aberta graças à qual eles habitam no céu. Eles são agora imortais pela comunhão de morte na páscoa do Cristo.

Um julgamento para a purificação

Quando Deus ressuscitou Jesus, ele o estabeleceu "juiz dos vivos e dos mortos" (At 10,42). Por sua páscoa, Jesus se tornou, em pessoa, o julgamento que Deus pronuncia a respeito do mundo: "É agora o julgamento deste mundo" (Jo 12,31). Esse julgamento está sendo permanentemente pronunciado na pessoa de Jesus, eternizado em sua páscoa.

A tradição católica fala de um julgamento particular, pronunciado por Cristo quando o homem entra para a eternidade. Conhecedores desse juiz e dessa justiça, nós podemos adivinhar o que seja esse julgamento particular.

---

[3] O texto grego exprime bem a unidade entre a morte e a vida eterna com Cristo. Um mesmo artigo precede os dois verbos no infinitivo: "Meu desejo é partir e ir ter com Cristo".

A justiça, assim como revelada pela Escritura, nada mais é do que a santidade divina que impõe sua lei. Ela é transcendente, depende apenas de si mesma e não de méritos ou pecados,[4] é soberanamente gratuita. Deus diz: "Farei misericórdia a quem eu fizer misericórdia" (Rm 9,15). Essa justiça concretiza-se na atividade, justificando, santificando todo aquele que a ela se entregar (Rm 3,23-25). Deus julga pelo Espírito[5] que é, pessoalmente, a santidade divina. Ora, o Espírito é amor (Rm 5,5). O julgamento é uma obra de amor. É amando que Deus julga.

Jesus é o mediador da justiça, ele julga em sua morte e ressurreição. Ora ele foi "ressuscitado para nossa justificação" (Rm 4,25). Ele julga comunicando a justiça na qual ele foi glorificado (1Tm 3,16). Ao ressuscitar, ele não deixou para trás o mistério de sua morte, ele foi eternizado nela.[6] Ele vai ao encontro do agonizante e o julga, em sua própria morte em favor desse mesmo moribundo! Ele é o advogado (cf. 1Jo 2,1) daquele que ele julga, seu intercessor junto de Deus.[7] No último encontro com esse homem, Cristo exerce sua justiça purificando-o em seu sangue, caso o homem consinta. Ver-se julgado assim deve ser um momento de grande felicidade, uma libertação suprema: "Deus não enviou seu Filho ao mundo para condenar o mundo, mas para que o mundo seja salvo por ele" (Jo 3,17).

A Igreja católica crê em uma indulgência plenária que Deus concede na morte, e que é chamada de purgatório. Deus julga, em Jesus Cristo, usando de um perdão purificador, que santifica. Julgamento particular e purgatório são, ao que parece, dois nomes para uma mesma ação misericordiosa de Deus em Cristo redentor.

---

[4] É verdade que Deus recompensa os méritos, mas é preciso lembrar também que merecer não é dar alguma coisa para Deus, mas aceitar seus dons.
[5] Mc 1,8; Jo 16,7-11.
[6] Cf. p. 45-47.
[7] Rm 8,34; Hb 7,25.

No passado, levantavam-se questões como: onde fica o purgatório, uma vez que o céu está em cima e o inferno embaixo? Como é o fogo que purifica as almas? A teologia do mistério pascal pensa que pode responder: o lugar do purgatório é Cristo, o fogo é o Espírito Santo. Jesus, em sua páscoa, é o cadinho da purificação (cf. Ap 7,14 passim). O Espírito de amor purifica o homem espiritualizando-o, "amorizando-o".

Essa purificação não acontece sem sofrimento. Jesus sofreu para acolher em seu ser terrestre limitado a infinitude da glória do Pai: "E embora fosse Filho, aprendeu, contudo, a obediência pelo sofrimento, e levado à perfeição, tornou-se para todos os que lhe obedecem princípio de salvação eterna" (Hb 5,8-9). Para que o homem pecador se veja livre de suas escórias, deverá passar por um fogo doloroso. Muito grande deverá ser o sofrimento, e muito grande a alegria de se queimar no fogo do Espírito, sem que um seja obstáculo ao outro.

Quanto ao tempo do purgatório, pode-se pensar que é o tempo de se morrer para o Pai, um tempo diferente do tempo terrestre e do qual não temos noção.

A caridade da Igreja convida os fiéis para irem em socorro dos defuntos. O homem morre aparentemente sozinho, em uma margem distante, separado dos seus por toda a distância que se estende entre a vida e a morte. Mas a amizade cristã não se dobra, impotente, ali onde o irmão ou a irmã mais dela necessitam. O Espírito é um liame de amizade mais forte do que a morte. Cristo é o salvador de todos os homens, também de suas amizades. A Igreja ensina que, entre os meios existentes para se ajudar os defuntos, o melhor é a celebração da eucaristia.[8] Seguindo o tempo terrestre, ela é celebrada depois da morte, mas é na própria morte que a comunidade encontra o defunto. Os que recebem a eucaristia se unem a Cristo em sua páscoa, além

---

[8] Concílio de Trento, *Sessão* XXV, Dz-Sch, 1820.

das barreiras do tempo terrestre. Eles o encontram em sua morte glorificante, a mesma em que Cristo encontra o homem em sua morte e o julga e o purifica. A missa de exéquias é uma refeição que reúne na mesma mesa Cristo em sua morte glorificante, o defunto e seus amigos que ainda estão sobre a terra. É uma concelebração da páscoa de Cristo.

O defunto morre em Cristo e nos braços de seus amigos. Então, uma coisa é certa: não se morre sozinho. Na vida do cristão, todo acontecimento importante é celebrado na Igreja: o batismo, a eucaristia, a penitência, o casamento... Por que, pois, o acontecimento último não o seria? O homem morre em Cristo e na Igreja, na Igreja da terra e na do céu, reunidas em um só corpo, na comunhão com a morte glorificante de Cristo.

A ressurreição final

O julgamento pronunciado na morte é uma etapa e o anúncio do julgamento geral que Deus pronunciará na ressurreição final. Uma pergunta: o que acontece na morte não seria também uma etapa e o anúncio da ressurreição final? Duas teologias confrontam-se a respeito disso, fiéis a dois modos de se compreender o homem.

O homem pode ser considerado como um ser composto de um corpo corruptível e de uma alma imaterial. O composto é desfeito pela morte: o corpo se corrompe, sobrevivendo apenas a "alma separada". Nessa concepção do homem, não se faz alusão à comunhão com Cristo em sua morte e sua ressurreição. A morte é apenas a quebra desse composto, apenas isso; ela reduz essa unidade a uma condição contrária à natureza humana, fazendo surgir uma "alma separada".[9]

---

[9] A existência de uma "alma separada" não é, contudo, uma verdadeira existência. TOMÁS DE AQUINO, *Super epist. S. Pauli lectura*, Ed. VIII revisa, Vol. 1, p. 411: *Anima mea non est ego* "minha alma não é idêntica comigo". *Suma Teológica*, IIa IIæ, q. 83. a. 1 ad 5: "A alma é apenas uma parte do homem, por isso não lhe convêm nem a definição nem o nome de pessoa".

À primeira vista, parece que a morte é tão somente um mal, a consequência do pecado de Adão, sem que haja distinção alguma entre a morte do pecador e a morte do justo. Se assim fosse, necessário seria concluir que Cristo não salvou o homem do essencial de sua condenação (Gn 2,17), a morte. Ora, Paulo declara que Cristo reparou, para melhor, aquilo que havia sido degenerado pelo pecado (Rm 5,12-20).

Uma outra concepção do homem, herdeira do pensamento bíblico, supõe sua unidade indivisível. O homem é uma pessoa, uma pessoa que é corpo. O homem inteiro sofre a morte, contudo ele é imortal em razão de sua relação pessoal com Deus.[10] Em resposta aos que negavam a ressurreição, Jesus recorreu às relações estabelecidas por Deus com Abraão, Isaac e Jacó. Ele selou com eles uma aliança que não será jamais desfeita: "todos, com efeito, vivem para ele" (Lc 30,37). Também os discípulos de Jesus viverão, porque são discípulos: "E a vontade daquele que me enviou é esta: que eu não perca nada do que ele me deu, mas que o ressuscite no último dia" (Jo 6,39). O que é repetido em João 11,25s.: "Eu sou a ressurreição e a vida. Quem crê em mim, ainda que morra, viverá. E quem vive e crê em mim jamais morrerá". Cristo vive no fiel (Gl 2,20), e aí vive ressuscitado. Como pode o fiel perecer? "Cristo morreu e reviveu para ser o Senhor dos mortos e dos vivos" (Rm 14,9). A imortalidade do homem se funda em sua pessoa, em sua relação com Deus.

Ora, a pessoa humana é corporal. Como tal, ela morre e como tal muda seu modo de existir. Jesus afirma a ressurreição, mostrando que Abraão, Isaac e Jacó estão vivos. Paulo não reconhece para os fiéis a não ser uma vida no além, a vida da ressurreição: "Pois se os mortos não ressuscitam, Cristo também não ressuscitou... Por

---

[10] J. RATZINGER, *La Foi chrétienne hier et aujourd'hui*. Col. « "Tradition chrétienne", Paris: Cerf, 1985, p. 253 : "A imortalidade não é simples consequência da não-possibilidade natural da morte, própria do ser indivisível: ela provém da ação salvífica de quem nos ama e que tem o poder necessário"..

conseguinte, aqueles que adormeceram em Cristo, estão perdidos" (1Cor 15,16-18). O apóstolo sabe que pela morte ele se unirá a Cristo: "Meu desejo é partir e ir estar com Cristo" (Fl 1,23). "Se nossa morada terrestre, esta tenda, for destruída, teremos no céu um edifício, obra de Deus" (2Cor 5,1), Paulo espera estar reunido com Cristo na integridade de seu ser.

O homem se torna livre da morte inimiga juntamente com Cristo, que o "salvou da morte" (Hb 5,7). Deus o havia gerado neste mundo e não permitiu que perecesse essa sua criatura, como homem que era. Por sua morte, ele o conduziu à plenitude: "Deus, porém, o ressuscitou livrando-o das dores do Hades. Não era mesmo possível que fosse retido em seu poder" (At 2,24.31). A nova vida de Jesus não é atribuída à imaterialidade da alma, mas a sua relação com Deus. Jesus ressuscitou pela força de seu relacionamento filial.

Paulo distingue "as coisas visíveis, temporais, e as invisíveis, que são eternas", nosso "homem exterior" e "nosso homem interior". Um vai perecendo aos poucos, o outro vai se renovando a cada dia, fornindo-se "de um peso eterno de glória". O homem, na profundidade de seu ser, passa da existência terrestre para a existência celeste. O que é esse homem interior? Criado à imagem do Deus dos mistérios, o homem é mistério. Além daquilo tudo que é visível nele, o homem, este desconhecido, é um Filho de Deus que deve nascer atravessando a morte.

Não seria possível dizer que a humanidade inteira traz em si um homem interior, universal, se tudo foi criado em Cristo e para ele e que tudo nele subsiste? Paulo se sente como alguém que é "vivido" por Cristo: "Fui crucificado junto com Cristo... é Cristo quem vive em mim" (Gl 2,19s.). E acrescenta: "Vós sois em Cristo" (1Cor 1,30). Invertendo a imagem, ele declara: "Vos vestistes de Cristo" (Gl 3,27). Segundo João, 14,20, Jesus utiliza as duas imagens: "Eu estou em meu Pai e vós em mim e eu em vós". Ao chegar a morte, o homem não penetra mais profundamente ainda nessa interioridade de humanidade que está em Cristo? Jesus afirmou: "Eu sou a vida".[11] Seu fiel declara: "Eu não morro, eu mergulho em minha vida".[12] Paulo fala de uma habitação celeste que ele revestirá (2Cor, 5,1-4)[13] ele que sobre a terra já havia se revestido de Cristo.

A ressurreição final não é um acontecimento inteiramente inédito, sem etapas prévias que o preparem. Deus não começa por criar o homem na unidade de um corpo e uma alma, destinando esse composto a se desfazer, para deixar a alma sobreviver sozinha, ferida em seu relacionamento essencial com o corpo, para reatar a unidade depois de uma espera multimilenar. Tudo leva a crer que Deus não age por etapas. Reconhece-se o cristão pela meta para a qual foi criado, Cristo ressuscitado da morte. Se a morte dos fiéis é seu *dies natalis* (dia do nascimento), ela não é uma quebra de seu ser. Os sacramentos que demarcam o caminho são as pedras miliárias de uma ressurreição progressiva, da qual a morte é a etapa mais decisiva.

A Igreja, desde suas origens, acredita numa salvífica e suprema manifestação de Cristo: "Aguardando nossa bendita esperança, a manifestação da glória de nosso grande Deus e Salvador, Jesus Cristo" (Tt 2,13); "esperamos ansiosamente como Salvador o Senhor Jesus Cristo".[14] Não somente a Igreja sobre a terra espera uma salvação futura, pois mesmo na morte de seus fiéis ela ainda não atinge sua perfeição última. O *dies natalis* de cada um não é o pleno dia da humanidade. A Igreja não é uma coletividade onde cada um se salva por si; ela é uma comunidade, onde ninguém vive para si ou morre para si (cf. Rm 14,7). Cada um é santificado no tecido da santidade comum. Tanto que o tecido não é tecido por inteiro, nenhum santo atingiu sua perfeição completa. A assembleia celeste, de alguma ma-

---

[11] Jo 11,25; 14,6.

[12] Teresinha de Lisieux. *Lettre 244. Œuvres complètes*. Paris: Cerf, 1992, p. 601.

[13] Nesse texto obscuro, a moradia preparada no céu, e que será revestida na morte, não parece algo sem relação com Cristo de quem se reveste.

[14] Fl 3,20; 1Ts 1,10.

neira, ainda se encontra em marcha, ela forma uma única Igreja com seus membros terrestres, e eles são solidários com todos os homens da terra. Nada está completo, a não ser em Cristo, para o qual tudo foi criado, e em uma mulher, a mãe de Jesus, na qual se encontra resumida a história da santificação da Igreja.

Qual é essa graça que o último Dia trará? Ninguém pode ao menos figurar "aquilo que os olhos jamais viram, os ouvidos não ouviram e o coração do homem não percebeu, isso Deus preparou para aqueles que o amam" (1Cor 2,9). "Nós que possuímos as primícias do Espírito, gememos interiormente" (Rm 8,23). Somente Deus conhece o que o Espírito deseja com esses gemidos (cf. Rm 8,27). A teologia deve manter muita discrição ao falar do último Dia.

Uma coisa é certa: a graça do último Dia é o próprio Cristo revelado e comunicado. Será conhecido "o poder de sua ressurreição" (Fl 3,10). "Sabemos que por ocasião desta manifestação, seremos semelhantes a ele, porque o veremos tal como ele é" (1Jo 3,2).

"Tal como ele é." Ora, Cristo tornou-se "Espírito que dá vida" (1Cor 15,45); o homem será transformado em imagem sua, isto é, será ele também "corpo espiritual", no poder, na glória.[15] Ele viverá segundo a maneira de ser do Espírito Santo, que é poder de amor. O corpo espiritual é inteiramente personalizado, totalmente relacional, não somente capaz de amar, ele existe amando, em doação de si.

O homem, que é uma pessoa corporal, não é inteiramente personalizado enquanto vive sobre esta terra. Ele é corpo e possui um corpo. Sendo corpo, ele está em relação por meio de seu corpo; mas tendo corpo, ele não é inteiramente relacional. O ter é impessoal; aquilo que se tem não é para ser doado, a propriedade particular, enquanto tal, é aquilo de que se priva o outro. O corpo é um meio de comunhão, mas se opõe a uma comunhão total. Sobre a terra, Jesus

---

[15] 1Cor 5,45; Fl 3,21.

amava seus discípulos, mas ele vivia ao lado deles; na morte glorificante, seu ser humano tornou-se plenamente personalizado no Espírito Santo,[16] seu corpo tornou-se inteiramente relacional. Jesus vive em seus discípulos e seus discípulos vivem nele (Jo 14,20); ele lhes foi dado em todo o seu ser, como o testemunha a eucaristia. Ressuscitado como "corpo espiritual", o homem vive em doação de si, como ser "amorizado", em Cristo que é o "existente-para" universal. Com ele, o homem é um "espírito que dá vida", fonte de vida, na medida da abundância de sua própria vida. A comunhão dos santos atinge sua perfeição na ressurreição final.

Segundo Paulo acreditava, a criação inteira participará da graça do último Dia: "A criação em expectativa anseia pela revelação dos filhos de Deus" (Rm 8,19). Ela participará de sua liberdade. O homem terrestre e a "criatura" (Rm 8,19) exercem, um sobre o outro, uma dominação mútua, estando, assim, submetidos a uma servidão recíproca. O homem reina sobre a criação, serve-se dela e, muitas vezes, abusa dela também. Mas ele só pode usá-la submetendo-se a suas leis, que o conduzem inexoravelmente à morte. Tornado "corpo espiritual", ele somente viverá, como o Ressuscitado, do Espírito de Deus. Então terá pleno valor a palavra: "É para a liberdade que Cristo nos libertou" (Gl 5,1). Desde o início cabeça da criação, mas escravo de suas leis, o homem, quando livre de toda dependência, ocupará mais ainda um lugar de primazia na criação, em comunhão com Cristo, no qual tudo foi criado. Corpo espiritual, em inteira doação de si mesmo, ela estará, mais do que antes, em relação com a criação material. É assim que esta "participará da liberdade dos filhos de Deus" (Rm 8,21). Uma nova ordem se instaura: a ressurreição de Jesus repercute sobre os homens, dos quais ele é a cabeça. E então se cumprirá a palavra: "Tudo é vosso, mas vós sois de Cristo,

---

[16] A ação do Espírito Santo personaliza. Cf. atrás, p. 115, nota 18

e Cristo é de Deus" (1Cor 3,21s.). O elo de ligação dessa mútua pertença é o Espírito da ressurreição. O Espírito é liberdade, o amor é um laço que liberta.

"Aquilo que os olhos jamais viram, os ouvidos não ouviram" (1Cor 2,9), a misteriosa graça da ressurreição final, disso o cristão pode se fazer certa ideia, se bem que muito longínqua. Primeiramente por aquilo que ele sabe do Ressuscitado, para cuja comunhão ele foi chamado (1Cor 1,9). E mais, por aquilo que ele já vive, pode adivinhar o que será. O Cristo que virá é o mesmo que já pode ser encontrado nos dias atuais (Jo 14,9). Será visto aquele que já é visto (1Jo 3,2); tornar-se-á semelhante, porque o verá tal como ele é (1Jo 3,2). Ora, já desde esta terra o fiel é transformado de "glória em glória" pelo Senhor que ele contempla com a face descoberta (2Cor 3,18). Agora "nós que possuímos as primícias do Espírito, gememos interiormente, suspirando pela redenção de nosso corpo" (Rm 8,23), nós que já somos filhos (Gl 4,6). O homem será "corpo espiritual", mas desde o presente "vós não estais na carne, mas no espírito" (Rm 8,9). Na ressurreição final "aqueles que pertencem a Cristo" (1Cor 15,23) formarão um só corpo numa total pertença mútua; ora, já nesta terra, eles constituem o corpo de Cristo, atados uns aos outros pelo laço do Espírito Santo.

Mas tudo ainda está em estado germinal. Jesus ressuscitado é de uma riqueza inaudita, a ressurreição final continua sendo um mistério. Se alguém conhecesse apenas a semente que o contém, como se poderia fazer uma ideia do cedro majestoso?

O juízo final

Antes de sua morte, segundo João 12,31, Jesus afirma: "É agora o julgamento deste mundo". O grande e último julgamento é pronunciado na páscoa de Jesus. O evangelista não fala de outro julgamento. Segundo João 5,21-28, Deus concede a Jesus o poder tanto de ressuscitar os mortos como de julgar. Parece que se trata menos de dois poderes do que de um único poder, o de ressuscitar os mortos e de julgá-los, ao ressuscitá-los: "Como o Pai ressuscita os mortos e os faz viver, também o Filho... Porque o Pai a ninguém julga, mas confiou ao Filho todo julgamento" (Jo 5,21s.). Cristo exerce a justiça por sua ação ressuscitadora. Alguns são julgados pelo fato de ressuscitarem para a vida: "Quem escuta minha palavra... tem a vida eterna e não vem a juízo, mas passou da morte à vida" (Jo 5,24). Para os outros, a ressurreição transforma-se em condenação: "Não vos admireis com isto: vem a hora em que todos os que repousam nos sepulcros ouvirão sua voz e sairão: os que tiverem feito o bem, para uma ressurreição de vida; os que tiverem praticado o mal, para uma ressurreição de condenação" (Jo 5,28-29).

Os textos da Escritura não apresentam a ressurreição e o julgamento como dois acontecimentos sucessivos. Com a ressurreição, "haverá o fim" (1Cor 15,24). O julgamento pronunciado na páscoa de Jesus não se processa de uma forma espetacular,[17] mas no poder de Deus que age em Cristo: "É agora o julgamento deste mundo", um julgamento que faz justiça, criador daquela ordem intendida pela justiça divina. Ele é pronunciado e executado ao mesmo tempo.

Nesse último julgamento, Cristo julga em última instância, como salvador, sua parusia é o mistério da salvação em toda a eficácia de sua ação: "Esperamos ansiosamente como Salvador o Senhor Jesus Cristo" (Fl 3,20), "que nos livra da ira futura" (1Ts 1,10). A palavra tem valor eterno: "Deus não enviou seu Filho ao mundo para condenar o mundo, mas para que o mundo seja salvo por ele" (Jo 3,17). Jesus foi estabelecido como juiz no poder de sua ressurreição (At 10,42); ora, "ele ressuscitou para nossa justificação" (Rm 4,25). Em seu Filho que ressuscita Deus salva, exercendo sua justiça, e ele exerce sua justiça conduzindo os homens para a vida eterna.

---

[17] Mt 25,31-46 é uma descrição imaginosa, uma parábola do juízo final.

Pois Deus é Pai, sua justiça se exerce na paternidade. Ela opera gerando a criação, doando a vida. Se um homem recusar a paternidade de Deus, será condenado pelo poder da ressurreição, embora esta seja salvadora. Ele ressuscitaria na absurdidade de uma vida que recusa a vida, de uma existência que se recusa a existir. Contudo, poderá haver homens, cuja recusa de serem amados e de amar seja mais forte que o amor infinito que quer sua salvação?

A vida que virá

"Depois veremos face a face" (1Cor 13,12), assim será a vida eterna. Que é que se verá? A bem-aventurada vida eterna já foi assim descrita: "A suprema e perfeita felicidade não pode consistir a não ser na visão da essência divina... A suprema felicidade implica em que a inteligência atinja a essência mesma da causa primeira".[18] Essa definição da beatitude celeste data de uma era em que reinava a teologia jurídica da redenção. A redenção não era entendida como mistério trinitário, relativo a Cristo e sua filialidade. Acontece que, assim como a redenção, o céu é um mistério ao mesmo tempo crístico e trinitário.

O Filho, que é o céu do Pai, Deus o gera no mundo para que ele seja também o céu dos homens: "E com ele nos ressuscitou e nos fez assentar nos céus, com Cristo Jesus" (Ef 2,6). Afirma-se que o céu não é um lugar, mas um estado de felicidade. De qualquer modo, contudo, ele é um lugar, um lugar que é pessoal. Jesus ensinou que ele mesmo é o Reino de Deus.[19] Ainda quando está nesta terra, o fiel já vive nesse espaço: "Nesse dia compreendereis que estou em meu Pai e vós em mim e eu em vós" (Jo 14,20), "Vós sois em Cristo" (1Cor

---

[18] Veja atrás, nota 8, p. 38.
[19] Lc 1,20; 17,21.

1,30). Ao morrer, ele não vai para o além. Já aqui na terra sua cidadania cristã é também celeste (Fl 3,20): quando se tornar plenamente celeste, será também plenamente cristã.

É verdade que, quando chegar o fim vai "entregar o reino ao Pai" (1Cor 15,24). Mas ele não abdicará seu status,[20] pois "assim é que vos será outorgada generosa entrada no Reino eterno de nosso Senhor e Salvador Jesus Cristo" (2Pd 1,11), que é "o mesmo ontem, hoje, ele o será para a eternidade" (Hb 13,8). Ser salvo é existir com ele e como ele que é a salvação. "E assim estaremos para sempre com o Senhor" (1Ts 4,17).

Em seu "ardente desejo de estar com Cristo" (Fl 1,23), Paulo não aspira somente viver em sua companhia. Já aqui na terra ele se "revestiu de Cristo" (Gl 3,27) e vive em Cristo; ele espera poder conhecê-lo em uma comunhão ainda mais íntima (Fl 3,10-14). E é essa intimidade que é prometida pelo sacramento que antecipa o banquete da eternidade: "Quem come a minha carne e bebe o meu sangue permanece em mim e eu nele" (Jo 6,56). A salvação consiste nessa íntima comunhão, Jesus Cristo é, pessoalmente, o espaço celeste.

Porque é crístico, o céu é também trinitário. Viver em íntima comunhão com o Filho que o Pai gera é viver plenamente a paternidade de Deus, fazer a experiência do Filho que o Pai gera no amor do Espírito Santo. Seus "numerosos irmãos" (Rm 8,29) conhecerão Deus quando "renascerem com" ele, gerados com ele para o Pai. Esse conhecimento não é uma simples intelecção, é a própria vida eterna. Jesus é seu mediador. Já enquanto viveu sobre a terra, valeu a palavra:

---

[20] Às vezes 1Coríntios 15,24-28 é interpretado como uma abdicação da soberania, quando Cristo haveria de ocupar uma posição comum. Cf. a obra que já foi de grande aceitação: O. CULLMANN, *Lê Christ et le temps*, Neuchâtel: Delachaux et Niestlé, 1947, p. 107 Id. *Christologie du N.T.*, Neuchâtel, Ibid, 1958, p. 195. Essa interpretação pertence à lógica de uma teologia na qual a redenção é apenas uma função de Cristo e não se situa no âmbito de sua relação filial com Deus. Assim sendo, o mistério da encarnação pode ser considerado como um interlúdio e não como o ápice da ação de Deus no mundo.

"ninguém conhece o Pai senão o Filho e aquele a quem o Filho quiser revelar" (Mt 11,27).

A visão propiciada por Cristo será uma visão imediata, "conhecerei face a face", sem intermediário. Pois os homens conhecerão sendo assumidos no nascimento do Filho. "Herdeiros de Deus, co-herdeiros de Cristo" (Rm 8,17), eles compartilharão de seu conhecimento filial. O Pai abrirá seus olhos gerando-os em seu Filho.

Um conhecimento semelhante é incomparável: "Agora vemos em espelho e de maneira confusa, mas, depois, veremos face a face... mas depois conhecerei como sou conhecido" (1Cor 13,12), portanto, mais ou menos como Deus, cujo ser é conhecimento, que conhece o homem na ação criadora que ele opera a seu respeito. Os filhos de Deus conhecem seu Pai na ação em que são gerados-criados.

Tudo se cumpre no Espírito Santo: "Ele vos conduzirá à verdade plena" (Jo 16,13), ao conhecimento perfeito, pois ele é a onipotência pela qual o Pai gera o Filho no amor, amor que sela a comunhão do Filho com os irmãos. "A alegria do Espírito Santo" é proverbial nas Escrituras.[21] Grande deve ser a felicidade de Cristo e dos seus por nascerem sem cessar de seu Pai, na infinitude de seu amor por eles.

Já aqui na terra, a Igreja é a reunião "em Deus o Pai e o Senhor Jesus Cristo" (1Ts 1,1), na "comunhão do Espírito Santo" (2Cor 13,13). A convocação para ser Igreja completa-se pela graça da ressurreição final. O Espírito que, em Deus, é uma pessoa em duas outras, unifica também Cristo e os homens em um só corpo, no mesmo nascimento. Assim se cumpre o desígnio do Deus uno que cria, falando no plural: "Façamos o homem a nossa imagem, como nossa semelhança" (Gn 1,26). Ele quer os homens semelhantes a ele: sendo muitos e um.

---

[21] At 15,32; Rm 14,17; Gl 5,22; 1Ts 1,6.

XI

O ESPÍRITO SANTO AO ESPELHO DO MISTÉRIO PASCAL

No final deste estudo, convém falar novamente sobre o papel do Espírito Santo. Uma teologia da redenção que ignorasse esse papel – e assim são mais ou menos as teologias jurídicas – sofreria de uma grave deficiência. Deficientes são igualmente as páginas precedentes, uma vez que não exprimem, de maneira satisfatória, a presença universal do Espírito. Pois "o Espírito do Senhor enche o universo" (Sb 1,7). É bom, portanto, que este último capítulo tente atenuar essa insuficiência.

Seria fastidioso enumerar novamente os efeitos da ação do Espírito; sua ação merece ser estudada em si mesma, assim como se manifesta na páscoa de Jesus. Estudar essa ação é estudar o Espírito no mais profundo de seu mistério. Pois seu mistério é ser a ação de Deus que gera seu Filho no amor.

O Espírito Santo, ação de Deus

Deus ressuscita Jesus no Espírito Santo. É isso que Paulo afirma em Romanos 1,4, e o repete quando anuncia que Deus ressuscitará os fiéis com Cristo no Espírito Santo;[1] e confirma quando diz que a ressurreição de Jesus e dos fiéis é obra do poder e da glória,[2] pois o Espírito é esse poder e essa glória.

Em suas manifestações, o Espírito revela-se como ação divina. Ele não é nem o autor, nem o efeito da ação, ele é a própria ação. O Pai ressuscita Jesus, este é ressuscitado, o Espírito é o poder da ressurreição. Ele não é nem o glorificador, nem o glorificado, ele é a glória do Pai que faz de Jesus "o Senhor da glória" (1Cor 2,8). O Pai concede a Jesus morrer filialmente, mas o morrer de Jesus para seu Pai é o Espírito Santo: "que por um espírito eterno se ofereceu a Deus a si mesmo" (Hb 9,14). O Pai dá a unção, o Filho a recebe, o Espírito é a unção.[3] O Pai é a verdade, o Filho é sua irradiação (Hb 1,3), o Espírito introduz na verdade (Jo 16,13). Ele não é o que ora, nem o que escuta, ele é o grito da oração (Gl 4,6). Ele não é, como o Pai e o Filho, aquele ao qual se entrega a fé, ele é o Espírito que possibilita acreditar[4] e professar a fé (1Cor 12,3).

O mistério pascal traz esse primeiro e decisivo esclarecimento sobre o mistério do Espírito: ele é poder operante, dinâmica divina: "Ele realiza todas as obras de Deus".[5]

Dessas obras a mais poderosa é a ressurreição, que eleva Jesus até o senhorio de Deus. Ora, a ação do Deus que ressuscita, é uma ação paternal, Jesus é gerado na plenitude filial, "estabelecido Filho de Deus com poder" (Rm 1,4). Ao ressuscitá-lo, Deus proclama: "Eu hoje te gerei" (At 13,33). Então, não se deve concluir que o Espírito é o poder no qual o Pai gera Cristo? Foi isso o atestado pelas narrativas da infância: Jesus é o Filho concebido por Deus no Espírito Santo;

---

[1] Rm 1,4 ("a ressurreição dos mortos segundo o Espírito de santidade"); 8,11.23; 1Cor 15,44).

[2] Rm 6,4; 2Cor 13,2; Fl 3,21; 1Cor 15,43s.

[3] Irineu, *Adversus haereses* III, 18, 3. *SC* 211, 350s., Basílio, *Traité du Saint-Esprit*, 28, *SC* 17, 156.

[4] Ele é a força do Evangelho que suscita a fé (Rm 15,18s.; 1Ts 1,5).

[5] Cirilo de Alexandria. *Thesaurus assert.* 34 *PG* 75, 580, 608.

ele recebe, sob a ação do Espírito Santo, sua identidade de homem Filho de Deus (Lc 1,35). O Espírito de Deus é o espírito do Pai em sua paternidade, o espírito do Filho (Gl 4,6) em sua filialidade. Seu mistério está nessa geração.

A Escritura traz uma afirmação esclarecedora sobre esse poder, o Espírito Santo é amor: "E a esperança não decepciona, porque o amor de Deus foi derramado em nossos corações pelo Espírito Santo que nos foi dado" (Rm 5,5). Essa é uma afirmação implícita, mas clara, da identidade entre o Espírito Santo e o amor de Deus. O amor de Deus é derramado com o dom do Espírito: ele é "derramado", esse verbo é característico do dom do Espírito.[6] Esse dom é penhor de salvação final, de acordo com Rm 8,23;[7] aqui é a presença do amor que oferece essa garantia. A caridade do fiel é o fruto da presença nele do Espírito (Gl 5,22). As expressões "no Espírito", "na caridade" não possuem sentido diferente.[8] A carne e o espírito se contradizem, como o egoísmo e o amor. A caridade tem por nome "a caridade do Espírito" (Rm 15,20). A única vez em que o Espírito é citado em Colossenses é com esta expressão: "Vosso amor no Espírito" (Cl 1,8). Paulo evoca a "comunhão do Espírito Santo",[9] ele é o elo que de muitos faz um só: "Fomos todos batizados num só Espírito para ser um só corpo".[10] Ora, chama-se amor o elo que liga dois seres, o esposo e a esposa, em um só corpo. Disso, pode-se concluir que a caridade é um traço característico do Espírito Santo.[11]

---

[6] "Derramar o Espírito", "efusão do Espírito" são fórmulas do dom do Espírito. Cf. Is 32,15; Ez 36,25-27; Jl 2,28; Zc 12,10; At 2,17s. 33; 10,45; Tt 3,6.

[7] Cf. 2Cor 1,22; Ef 1,13s.

[8] Cf. Rm 8,4 e Ef 5,2; Rm 15,16 e Ef 1,4; Ef 2,22; 4,16; Cl 2,2.

[9] 2Cor 13,13; Fl 2,1.

[10] 1Cor 12,13; cf. Ef 4,4.

[11] Porque Deus em si mesmo é amor, segundo João 4,8, muitos autores recusam-se a ver na caridade uma característica pessoal do Espírito. A objeção não procede. Outros atributos do que se chama de natureza divina são personalizados no Espírito, como a santidade, o poder. O Pai ama, o Filho também ama, o Espírito é o Amor. Como tal, ele é o Espírito do Pai que gera no amor, do Filho que ao amar se deixa gerar.

Se, então, o Espírito é o poder no qual Deus ressuscita Jesus, sua onipotência de amor, isso é porque Deus ressuscita Jesus ao amá-lo. Se a ressurreição é também um ato de gerar, é Deus que gera ao amar. Gerado assim, Jesus é o "Filho amado" (Cl 1,13), "meu Filho amado, em quem me comprazo" (Mt 3,17s.).

Saber que o Espírito é ação, ação do Pai que gera, ação do Filho que se entrega ao Pai, que se deixa gerar, é de importância capital para a teologia do Espírito Santo. É verdade que, aplicados a Deus, termos como gerar, poder de gerar, ser pai, são apenas imagens. Mas que nos levam a uma realidade divina.

O Espírito Santo, intimidade de Deus

A teologia distingue as pessoas divinas e a natureza divina, que a elas é comum. E enumera os múltiplos atributos dessa natureza: a onipotência, a santidade, a unidade indivisível, a vida eterna, o amor... a Escritura não utiliza o termo "natureza divina", a não ser em um texto tardio (2Pd 1,4),[12] mas ela fala muitas vezes do Espírito de Deus, e num sentido que não se diferencia, ou pouco, daquilo que a teologia entende por "natureza divina". O estudo do mistério pascal permite que os atributos divinos comuns ao pai e ao Filho são próprios do Espírito a um título especial.

A onipotência é o atributo fundamental, ela empresta seu nome a Deus: "Pois o Todo-poderoso fez grandes coisas por mim" (Lc 1,49); "de ora em diante, vereis o Filho do Homem sentado à direita do Poderoso" (Mt 26,64). A onipotência se estende até o infinito na ressurreição (Ef 19,22), conferindo a Jesus "o poder de submeter a si todas as coisas" (Fl 3,20), ora, esse poder que faz dele um Senhor igual a Deus (Fl 2,9-11) é um outro nome para o Espírito Santo: "O Espírito Santo descerá sobre vós e dele recebereis força" (At 1,8).

---

[12] Provavelmente por influência do pensamento grego.

Jesus "está vivo pelo poder de Deus" (2Cor 13,4), "foi ressuscitado pelo Espírito" (cf. Rm 8,11). Ele havia sido concebido pelo Espírito e pelo poder (Lc 1,35).

O poder da ressurreição é um paradoxo absoluto: ela não abole a morte de Jesus,[13] nela se desdobra. Ela se manifesta gloriosa na fraqueza da cruz (1Cor 1,17-25). É realmente notável essa afinidade do Espírito de poder com a morte.

Deus é santo, três vezes santo. Santidade é o nome bíblico para a transcendência. A expressão dessa transcendência é o Espírito, ele é a realidade superna, "seu nome, por excelência, é Espírito Santo".[14] Ressuscitado no Espírito, Jesus foi plenamente "santificado" (Jo 17,19), inteiramente "divinizado";[15] diante dele Tomé se prostra: "Meu Senhor e meu Deus!" (Jo 20,28). Ele se tornou, na plenitude da verdade, o Santo, como havia sido predito antes de seu nascimento: "o Espírito Santo virá sobre ti, (Maria)... por isso o Santo que nascer será chamado Filho de Deus" (Lc 1,35). O mistério de Deus em sua santidade é, de maneira especial, o próprio do Espírito Santo.

A santidade revelada na ressurreição de Jesus é, também ela, um paradoxo. No Antigo Testamento, ela traz a ideia de separação.[16] Na páscoa de Jesus ela é comunicada, torna-se imanente a um homem. A transcendência se afirma avançando cada vez mais os limites. A intimidade divina é efusão total em Jesus "tornado espírito que dá a vida" (1Cor 15,45), transformado em "existente-para" universal, e que por sua própria santidade[17] é solidário com a humanidade pecadora.

---

[13] Veja p. 45-47.
[14] Basílio, *Tratado sobre o Espírito Santo*, 9. SC 17, 145.
[15] Quanto ao uso desse termo, ver p. 25.
[16] Pela etimologia da palavra e pela noção que então se tinha de santidade. Cf. Lv 20,24.
[17] Cf. p. 62.

Ser espírito é outro atributo da divindade: "Deus é espírito e aqueles que o adoram devem adorá-lo em espírito e verdade" (Jo 4,24). João não está mirando a imaterialidade de Deus, mas sua plenitude de ser-vida, em comparação com as realidades terrestres, todas seres perecíveis, em comparação com a ineficácia santificadora do culto celebrado em Jerusalém e sobre a montanha da Samaria. Quando Paulo fala de um "corpo espiritual" (1Cor 15,44) não está tratando, evidentemente, de um ser imaterial. Quando ele põe em confronto o espírito e a letra, ele distingue a realidade em sua densidade mais profunda e as realidades aparentes (2Cor 3,4-18). Deus é espírito, ele é real em sua plenitude suprema. A "espiritualidade" está na ordem da santidade divina, na ordem da transcendência. O Espírito Santo é isto, ele é santo, ele é espírito, expressão pessoal desse atributo divino que é a "espiritualidade".

E aqui também existe um flagrante paradoxo. Essa plenitude de ser invade e transforma o homem Jesus no instante em que ele nada mais é em si mesmo, a morte. É seu corpo de homem em sua materialidade que é o lugar privilegiado da presença e da explosão do Espírito Santo no mundo: "De seu seio jorrarão rios de água viva. Ele falava do Espírito que deviam receber os que nele cressem" (Jo 7,37s.). Depois que as águas jorraram do corpo de Cristo, ele reuniu os fiéis nesse corpo (1Cor 12,13). Uma estranha afinidade reina entre a pura espiritualidade divina e a criação em sua materialidade e seus limites.

Deus é o Vivente, e este é outro de seus atributos. Na Bíblia, ele não pára de proclamar: "Eu vivo". Ora, o Espírito Santo é a vida irreprimível, o "Espírito de vida" (Rm 8,2). Jesus "morto na carne, foi vivificado no Espírito" (1Pd 3,18); foi "crucificado em fraqueza, mas está vivo pelo poder de Deus", que é o Espírito Santo (2Cor 13,4). Tornado "espírito que dá a vida" (1Cor 15,45), Jesus é a ressurreição universal dos mortos (Rm 1,4).[18] Aqui também, tudo o que é atributo da divindade é o Espírito Santo em pessoa.

---

[18] Cf. p. 11.

Mais do que em qualquer outro lugar, o paradoxo é impressionante. A ressurreição de Jesus no Espírito Santo é vida na morte. Em João 19,30, o dom do Espírito, Sopro de Deus, é simbolizado pelo último suspiro de Jesus na cruz. A água, outro símbolo do Espírito (cf. Jo 7,37-39), escorre do lado traspassado (Jo 19,34). A ressurreição no poder do Espírito, forma, com a morte, um único mistério; Jesus nasce Filho de Deus na própria morte. Estranha afinidade do Espírito de vida com a morte![19]

Na ressurreição, Jesus "foi justificado no Espírito" (1Tm 3,16). Pelo fato de ressuscitar no Espírito Santo, Jesus foi invadido pela santidade, pela justiça de Deus. Santidade e justiça divina, "Pai santo" e "Pai justo" (Jo 17,11.25) são noções muito próximas. Jesus se tornou "justiça de Deus, santificação" (1Cor 1,30), ao ressuscitar no Espírito Santo. Ele foi "ressuscitado para nossa salvação" (Rm 4,25), tendo se tornado "espírito que dá a vida" (1Cor 15,45). A justiça, esse atributo divino, é atribuída ao Espírito por um título especial.

Contrariamente à justiça humana, a justiça própria do Espírito não se efetiva pela punição dos prevaricadores e recompensa dos justos, mas justificando todo aquele que a acolhe, comunicando-se. É a justiça da ressurreição, paterna, criadora.

Deus é uno, a unidade é um atributo essencial. A fé na divindade de Jesus nunca se opôs à crença na unidade de Deus. Sobre a terra, Jesus havia vivido em certo distanciamento: quando ele ressuscita no Espírito Santo, a palavra se verifica plenamente: "Meu Pai e eu somos um" (Jo 10,30). O Espírito é o laço de sua comunhão, ele que é o amor de um para com o outro. A teologia gosta de repetir: Deus é um na unidade da natureza divina. A liturgia é mais próxima da Escritura: ela fala da unidade do Pai e do filho no Espírito Santo.[20]

---

[19] Pode-se até concluir que, no plano de Deus, a morte não é um mal, mas pode ser considerada um lugar privilegiado da ação criadora do Espírito. É um contra-senso afirmar, a partir da leitura bíblica, que o homem é mortal apenas em razão do pecado.

[20] Cf. a doxologia da oração eucarística.

Aqui também o paradoxo é flagrante, a unidade realiza-se em uma diversificação extrema: no Pai, o Espírito é potência infinita de geração; em Cristo, ele é princípio de receptividade ilimitada, característica de sua morte. O Espírito unifica pela oposição dos contrários infinitos, ele realiza a unidade pela diversificação. Deus é um não no sentido do número um, que é uma unidade pobre, pois a ela se podem ajuntar outras unidades numa quantidade ilimitada. Deus é o um infinitamente rico, sem nenhuma possibilidade de acréscimo, uma tri-unidade, no Espírito que diversifica ao infinito na permanência da unidade absoluta.[21]

"Deus é amor", e a missão do Filho no mundo é a prova disso (1Jo 4,8s.). O Espírito Santo é amor (Rm 5,5). O amor que caracteriza Deus torna-se pessoa no Espírito Santo. Ao contrário dos outros atributos divinos, esse nada tem de paradoxal nada que pareça contrário ao autêntico amor humano. As mesmas palavras podem dizer o amor de Deus e o amor dos homens. Quanto aos paradoxos assinalados, eles encontram sua explicação no amor. Porque a onipotência é amor, ela foi imolada, ela é de uma humildade embaraçante, ela não se impõe jamais pela dominação. Sendo amor, a santidade não isola Deus, nem mesmo do pecador mais distanciado pelo pecado. O amor, que é a realidade mais íntima, faz surgir de si mesmo quem saiba amar. Se o amor é infinito, ele deseja abarcar distâncias infinitas. Quanto à afinidade do Espírito com a morte, não é de estranhar, quando se sabe que um amor profundo alimenta em si o desejo às vezes de morrer e outras de viver. É na morte que Jesus faz seu supremo esforço de amar. Quanto à justiça, se ela se identifica com o amor, como ela atua a não ser amando, perdoando e se comunicando? Ela se entranha em Jesus, solidário com os pecadores, com a veemencia da ressurreição. Compreende-se também que, sendo amor, o Espírito

---

[21] Deus não é nem um nem três, no sentido desses numerais que se excluem mutuamente.

Santo diversifica à medida que unifica. Porque aqueles que se amam tornam-se tanto mais eles mesmos quanto mais se comunicam entre si. Todos os paradoxos resolvem-se no Espírito de amor, no qual se unem e se tornam um, esses dois que são infinitamente contrários, o Pai e o Filho. No mistério pascal, onde se reencontram todos esses paradoxos, eles são regidos por uma lei que os unifica: "O mundo saberá que amo o Pai" (Jo 14,31).

Se é verdade que os atributos da divindade encontram-se concretizados no Espírito de Deus, então não haveria como identificá-lo com a natureza divina, assim como a compreende a teologia, pois que ela é impessoal por definição. Mas já na Escritura do Antigo Testamento, "o Espírito caracteriza tudo o que é compreendido pela palavra 'Deus'".[22] No Novo Testamento, o Espírito Santo é o que desce, a realidade divina é "espiritual", os atributos divinos acham-se concretizados no Espírito. Agostinho de Hipona relata com simpatia a opinião de vários pensadores de seu tempo: "Alguns tiveram a coragem de pensar que a comunhão do Pai e do Filho, que os gregos chamam de *théotès*, é o Espírito Santo. Portanto, essa deidade que eles entendem ser também o amor e a caridade recíproca dos dois, eles dizem que é chamada o Espírito Santo".[23] A reflexão sobre o mistério pascal leva à conclusão de que, de fato, o Espírito Santo é, pessoalmente, aquilo que se diz da natureza divina. Não significa isso que Deus é essencialmente Pai que gera um Filho, que a natureza de Deus é ser trinitário? Pois o Espírito é o poder no qual Deus ressuscita Jesus, no qual ele gera um filho. Mestre Eckhart escreveu: "A aspiração suprema de Deus é gerar".[24] Ele é Pai porque é Deus, Deus na geração do Filho.

---

[22] E. Jacob, *La Théologie de l'Ancien Testament*. Neuchâtel, Delachaux et Niestlé, 1955, p. 100.

[23] *De Fide et Symbolo* 1, 19. CCL 50 A, 523s.

[24] Mestre Eckhart, *Sermo 11. Impletum est tempus Elisabeth*. Meister Eckharts Predigten, I Stttugart:: Kohlhammer, 1958, p. 177-472.

Seu ser é a paternidade infinita em relação ao Filho no Espírito. Sua paternidade engloba tudo: em seu Espírito Santo, ele gera o filho e lhe concede deixar-se gerar no Espírito. Não é, pois, de se admirar que a Escritura reserve ao Pai o nome de Deus: "Existe um só Deus, o Pai,... e um só Senhor, Jesus Cristo" (1Cor 8,6).

O Espírito de Jesus, Filho de Deus

Quando se diz que Jesus é o homem-Deus, ainda não se disse tudo a seu respeito. Não se afirma tudo a respeito do Espírito Santo quando se diz que os atributos divinos são personalizados nele. A identidade de Jesus é ser homem-Filho de Deus. É assim que ele se revela no mistério pascal: é assim que ele é o homem-Deus, o Santo de Deus. O Espírito, em sua verdade profunda, revela-se no mesmo mistério: ele é o Espírito do Pai em sua paternidade, de Jesus em sua filialidade. Essa é sua identidade de Espírito do Deus que é Pai e Filho.

O Espírito é ação; os atributos divinos personalizados nele devem ser entendidos sob uma ótica dinâmica. Ele está presente em Jesus como poder de "filialização", vivificante, espiritualizante, amor que propicia o nascimento. Por ele, Jesus atinge sua plena verdade, a verdade daquilo que ele já era desde sua origem: ser homem-Filho de Deus. O Espírito participa no mistério filial de Jesus. Ao nome de Espírito de Deus, que consigo carrega já no Antigo Testamento, ajunta-se o de Espírito do Filho (Gl 4,6). Ele é Espírito de Jesus (Fl 1,19), Espírito de Cristo (Rm 8,9), Espírito do Senhor (Jesus) (2Cor 3,19). A identidade do Espírito torna-se mais precisa ao se dizer que ele é o Espírito de Deus e de Jesus em suas relações de Pai e de Filho.

Há somente um Espírito Santo, que difere em si mesmo ao ser considerado em Deus ou em Cristo. Em um ele é o Espírito do Pai, em outro, Espírito do Filho, Espírito de Deus em sua paternidade, de Cristo em sua filialidade. É isso que é revelado pelo mistério pascal:

poder do Pai que ressuscita Jesus, gera-o para a plena filiação e oferta de si a Deus em Cristo (Hb 9,14). O Espírito que os fiéis possuem, em sua comunhão com Cristo (Rm 8,9), é chamado "Espírito de filiação", no qual eles dizem "Abba!".[25] Também Jesus assim rezava (Mc 14,36). O Espírito é próprio de Jesus em sua filiação, do Pai em sua paternidade.

Diferente de si mesmo segundo esteja em Deus ou em Cristo, é também possuído diferentemente. Jesus o possui filialmente, recebendo-o. Na verdade, ele o possui sem medida, mas "doado (a ele) sem medida (Jo 3,34). Se em sua glorificação ele é fonte do Espírito Santo para os fiéis (Jo 7,37-39), essa fonte é alimentada pelo Pai.

O Pai e Cristo possuem o Espírito; ele é a riqueza de que dispõem, por ele eles agem. No Espírito Santo nada existe semelhante. Ele não é rico de nada. Nada existe para ele, nada provém dele. Ele é o Espírito deles, para eles, a sua inteira disposição. Ele cultiva uma estranha atividade com Jesus que, em sua morte, nada tem, nada é em si mesmo, sendo um total "ser-para". O Espírito Santo é a divina humildade.[26]

O Espírito, como ele é na Trindade

Será que da função exercida pelo Espírito em Cristo podemos elevar-nos até o conhecimento de sua função na eterna Trindade? Há teólogos que negam essa possibilidade. Eles distinguem, dissociando sua "economia", o mistério em ação na história da salvação, e "a teologia", o mistério trinitário em si mesmo. O conhecimento de um não levaria ao conhecimento do outro. Mas esses teólogos,

---

[25] Rm 8,15; Gl 4,4-6; cf. Jo 3,5.
[26] Essa afinidade deveria ser estudada mais a fundo, para se explorar o mistério do Espírito, o sentido da morte de Cristo e da morte tal como ela é no plano da criação. Indico o trabalho de J. KOCKEROLS, *L'Esprit à la Croix*, Bruxelas: Ed. Lessius, 1999.

ao que eu saiba, não levam em consideração a páscoa de Jesus e sua função mistagógica.[27]

Jesus conhecia Deus.[28] Quem poderia negá-lo? Ora, ele o revela: "Ninguém conhece o Pai senão o Filho, e aquele a quem o Filho o quiser revelar" (Mt 11,27). Jesus é a "imagem do Deus invisível" (Cl 1,15), "a expressão de seu Ser" (Hb 1,3). Esse "Deus que ninguém jamais viu", Jesus "no-lo fez conhecer" (Jo 1,18); "tudo o que ouvi do Pai eu vos dei a conhecer" (Jo 15,15). Sem ele, o mistério trinitário seria desconhecido; só poderíamos saber a respeito do Espírito aquilo que a Bíblia fala no Antigo Testamento.

Jesus é o filho que sai do Pai (Jo 13,3). Sua vinda a este mundo é um prolongamento de sua eterna saída. Entre o Verbo em sua eternidade e o Verbo em sua humanidade, não existe solução de continuidade. Se houvesse, Jesus seria o Verbo encarnado? Em sua glorificação junto do Pai (Jo 17,5), ele está assentado à direita do Pai (Mt 26,64 passim), plenamente assumido na condição divina como Verbo eterno. "Verbo de Deus" é seu nome (Ap 19,13). Em seu mistério de morte e de glória, ele revela sua identidade de Filho eterno que nasce de Deus no Espírito Santo. Ele é mediador da comunhão com o mistério trinitário que os fiéis conhecem por sua vivência do mistério: "Ora, a vida eterna é esta: que eles te conheçam" (Jo 17,3). Os fiéis nascem com Cristo e nele conhecem Deus. Em sua páscoa, Jesus é a porta de entrada no mistério trinitário; aquilo que os fiéis vivem em um conhecimento unificante, a teologia pode exprimi-lo por meio de ideias que, embora sendo apenas um pálido reflexo, são, contudo, verdadeiras.[29] Não é possível negar que o mistério pascal abre o caminho para certa visão da Trindade eterna.

---

[27] Mistagógica, isto é, que introduz no conhecimento do mistério.
[28] Mt 11,27; Jo 7,29; 8,55.
[29] Se a teologia não pudesse passar da economia ao mistério eterno, teria ela o direito de ensinar que o mistério é trinitário, que os Três são pessoas, que um procede de outro, que são iguais na majestade...?

O mistério pascal comporta dois pólos: o Pai que ressuscita Jesus, que o gera, e o Filho que, em sua morte, deixa-se gerar. Esse mistério se completa no Espírito Santo. Pode-se, pois, pensar que a Trindade é bipolar, também ela, e que a relação de paternidade e de filiação se completa no Espírito Santo. Nada se acrescenta à eterna saída do Pai para o Filho, nada procede de Deus fora da relação do Pai com o Filho, tanto na Trindade como no mistério bipolar da páscoa de Jesus.[30] O movimento que parte do Pai não vai além do Filho e, muito menos, se bifurca em outra direção, em direção a uma terceira Pessoa que não estivesse na interioridade da relação do Pai com o Filho. Sendo Deus essencialmente Pai, sua ação é única, ela se resume na geração do Único. A terceira Pessoa não se situa nem depois, nem fora dessa ação única. Ele, em si, é a ação divina. É justamente assim que ela se apresenta no mistério pascal, onde o Pai vivifica o Filho que se deixa vivificar, onde o Espírito é o poder que dá a vida. O Espírito não constitui um terceiro pólo, não chega depois, não vem se ajuntar. Tudo se cumpre nele.

Na enumeração trinitária, o Espírito, ordinariamente, ocupa o terceiro lugar. O que lhe convém, pois ele é a humildade de Deus. Muitas vezes, a Escritura nem chega a mencioná-lo juntamente com as outras duas Pessoas, uma vez que o mistério é bipolar. Mas a terceira Pessoa não é a última. Ela não vem depois das outras, nem no tempo nem mesmo logicamente, ela lhes é simultânea.

Sem ser a origem, o espírito está na origem; sem ser o termo, ele está no termo. Se o Pai é tal, se ele gera, é no Espírito. Se o Filho é tal, se ele se deixa gerar, é no Espírito. Os dois são pai e filho no Espírito, não podendo ser concebidos sem ele que é o Espírito do Pai

---

[30] A Igreja que nasce da páscoa de Cristo não se acrescenta ao mistério pascal, ela está incluída nele. A Igreja nasce com e em Cristo, que o Pai ressuscita no Espírito Santo.

em sua paternidade, do Filho, em sua filialidade. E é assim também no mistério pascal: nem o Pai ressuscita Jesus sem o poder vivificante do Espírito, nem o Filho é ressuscitado sem "o Espírito eterno" no qual ele é oferecido (Hb 9,14). O Espírito está no meio, ele é o meio, o mistério pascal nele se completa. E assim também deve ser na Trindade.

O Espírito é amor; no Deus-amor (1Jo 4,8), tudo se realiza no amor. Eles são três: o Genitor, o Gerado e o divino Poder de gerar. "Eles são três: o Amante, o Amado e o Amor".[31] Amando, o Amante gera o Amado. O Espírito é a Pessoa intermediária,[32] comum aos dois. O mistério completa-se no fogo que abrasa o Pai e o Filho.

Se bem que o Espírito lhes seja comum, único Espírito do Pai e do filho, esses dois são, contudo, infinitamente diferentes em sua indivisível unidade. Uma ilustração disso é o mistério pascal, no qual o Pai e o Filho se unem em uma alteridade infinita: em um poder de vida ilimitada e o absoluto da morte, em uma plenitude de doação por parte do Pai, e de receptividade em Cristo. O Espírito é aquele no qual o Pai se doa, no qual o Filho acolhe.

Que o único Espírito possa diversificar-se infinitamente, ser o Espírito do Pai que se doa a si mesmo, do Filho em sua receptividade, isso pode ser compreendido. Amar é doar-se ao outro, recebendo-o em si mesmo. O amor tem os dois aspectos, de doação e de acolhimento. No Espírito, o Pai se doa, e ao doar-se, ele acolhe; o Filho acolhe e, ao acolher, ele se doa. Nos dois, o amor é dom e acolhimento. Mas, primeiramente, dom no Pai e acolhimento no Filho; depois acolhimento no Pai e doação de si no Filho.

As teologias trinitárias, normalmente, não apresentam o mistério trinitário dentro do esquema bipolar, no qual o movimento se pro-

---

[31] AGOSTINHO, *De Trinitate*, 8,14. CCL 50, 290.
[32] GREGÓRIO NAZIANZENO, *Discours* 31, 8. *SC* 250, 290: "o Espírito é um meio termo entre o Ingênito e o Gênito".

cessa inteiramente do Pai para o Filho no poder do Espírito Santo. De acordo com alguns o Pai gera o Filho e, por outra parte, "espira" o Espírito.[33] Segundo outros ele "espira" o Espírito Santo por meio do Filho, mas sem que este participe da "espiração". De acordo com a teoria mais comum na teologia latina, o Pai e o filho "espiram" o Espírito Santo não como o Pai e o Filho, mas na unidade de sua natureza divina. Várias críticas podem ser formuladas a essas teorias; contudo, é suficiente esclarecer que elas parecem ignorar que na Escritura o Espírito é a Pessoa-poder de Deus. Mais, elas não se preocupam com o mistério pascal, do qual, contudo, nasce a fé na Trindade. Nesses sistemas, a terceira Pessoa é a última, vem depois, resultado (para não dizer impasse) do movimento trinitário. Do Pai procede o Filho; do Pai e do Filho procede o Espírito Santo, segundo o pensamento católico; mas ninguém procede do Espírito Santo. É o que ocasiona a possibilidade de se falar da santa esterilidade do Espírito Santo.[34]

Mas não existe isso no mistério pascal. Nele, a terceira Pessoa de modo algum é a última. O Espírito Santo não refulgiu em Jesus somente após a ressurreição, assim como, no começo de sua vida terrestre, o Espírito não agiu somente depois de sua concepção: Jesus foi concebido e foi ressuscitado no Espírito Santo. Ele não é estéril nem em Cristo, nem em seus fiéis: é nele que nascem Cristo e os fiéis.

Assim também, na Trindade, é preciso repetir, o Espírito não vem por acaso, não surge após a geração do filho; ele não é o final do movimento trinitário. Ele é o próprio movimento, o poder que faz gerar, a força do amor na qual o Pai gera. Longe de ser estéril, ele é a fecundidade divina.

---

[33] É o pensamento de Fócio que compara a Trindade a uma balança, cujos dois pratos representam o Filho e o Espírito Santo: *Amphilogia*, Q. 181. *PG* 191, 846.

[34] O Espírito Santo compensaria essa esterilidade intra-trinitária por uma fecundidade ilimitada na criação e na Igreja. Cf., por exemplo, P. de BÉRULLE, *Grandeurs de Jésus*, IV, 2. Ver M. DUPUY, "L'Esprit Sant et Marie dans l'école française". In Études Mariales 26 (1969) 27.

O ser do Pai consiste em sua paternidade, na geração infinita do Filho. Portanto, é de sua paternidade que o Espírito procede. Ele não é, contudo, um segundo Filho: a paternidade de Deus completa-se ao gerar o Único, o mistério trinitário tem apenas dois pólos. Mesmo procedendo do Pai em sua paternidade, o Espírito não é um Filho: ele é o poder que possibilita a geração. O mistério da paternidade e da filiação completam-se nele.[35]

Seria de admirar que, criando o mundo, Deus não tivesse deixado marca em seu trabalho. Na verdade, ele assinou sua obra: "Deus criou o homem a sua imagem... homem e mulher ele os criou. Deus os abençoou e lhes disse: Sede fecundos, multiplicai-vos" (Gn 1,27). A intuição cristã percebeu um reflexo trinitário na família humana, no qual o pai gera o filho no seio materno. Gera-o no amor. Essa lei que rege a natureza, rege também a vida dos filhos de Deus: eles nascem "da água e do Espírito Santo".[36] Da água, símbolo feminino e materno, que é também um símbolo do Espírito Santo.[37]

Entre as mulheres que são mães, existe uma que é bendita entre todas. Ela desempenhou uma função não apenas semelhante à do Espírito, ela agiu em sinergia com ele no nascimento do Filho neste mundo: "O Espírito Santo virá sobre ti, e o poder do Altíssimo vai te cobrir com sua sombra. Por isso, o Santo que nascer será chamado Filho de Deus" (Lc 1,35). Deus gera o filho neste mundo no Espírito Santo e no seio de uma mulher. O mistério único da geração se desenrola em dois planos, um celeste, o outro terrestre. Maria é a seme-

---

[35] Quando, pelo contrário, diz-se que o Pai gera, de uma parte o Filho, e de outra parte espira o Espírito, ou, que ele espira o Espírito como por meio do Filho, não se está correndo o risco de fazer do Espírito um segundo Filho, uma vez que o Pai é, por essência, pai?

[36] Jo 3,5; cf. Tt 3,5.

[37] As teorias, nas quais o Espírito procede após a geração do Filho, ignoram a função quase maternal do Espírito.

lhança humana do Espírito Santo. Jesus nasceu Filho de Deus e "do Espírito" e "de Maria".[38]

A glória pascal já se prenuncia. Contudo, ao passo que no nascimento terrestre o Espírito agia em sinergia com uma mulher, ele está sozinho na obra do nascimento na plenitude filial. Nisso não poderia haver participação de criatura alguma. Sobretudo nessa obra o Espírito aparece como o seio no qual nasce o Filho de Deus: Jesus ressuscita Filho de Deus (At 13,33) no Espírito Santo (Rm 8,11).

Hoje em dia, os teólogos já não temem mais falar sobre o caráter materno do Espírito Santo. Um santo moderno escreveu: "Quem é o Pai? Como é sua vida pessoal? Gerar, porque ele gera seu Filho eternamente... o Pai gera, o Filho é gerado, o Espírito é concepção procedente. É essa sua vida pessoal, pela qual eles se distinguem entre si... o Espírito é, pois, essa concepção santíssima, infinitamente santa, imaculada".[39] O reflexo dessa realidade é Maria, em sua maternidade.

Os teólogos manejam conceitos, Deus criou seres-imagem. Na criação existem pais e filhos que dão seus nomes às duas Pessoas da Trindade. A terceira pessoa é a mais misteriosa, ela se chama Sopro, o que não chega a ser um nome. Mas, dessa Pessoa-ação, dessa Pessoa-ato de amor, Deus criou uma imagem, na humilde serva do Senhor, pela qual gerou seu Filho no mundo.

A teologia do Espírito pode suscitar várias questões críticas. Como o Espírito pode ser uma pessoa se ele é ação, princípio de geração? Se ele é interior às duas outras Pessoas? Uma pessoa tem uma face; a ação não tem; a pessoa se coloca face a face diante de outras pessoas, não lhes é interior. Mas na Escritura, o Espírito não tem nome nem aparência e se apresenta como interior ao Pai e ao Filho. A teologia deve

---

[38] A preposição "de" caracteriza a função do Espírito e a das mulheres na lista genealógica de Mateus (1,3.5.6.16.18.20).
[39] MAXIMILIANO KOLBE, *L'Immaculée révèle l'Esprit Saint. Entretiens spirituels inédits*. Tradução para o francês de J. F. VILLEPELÉE, Paris: Lethilleux, 1974, p. 48.

submeter-se e admitir que existe em Deus uma Pessoa que é um puro mistério para a razão. Embora o Espírito não tenha face é, contudo, por ele (em sua ação) que se desenham os traços da face do Pai e do Filho: ele é o Espírito da paternidade e da filiação.

A teologia quer que seja respeitada a *sintaxe*, isto é, a ordem trinitária: Pai, Filho e Espírito Santo. Mas essa não é uma ordem sucessiva. Na teologia das imagens, na qual Deus se compraz em revelar-se, o Espírito é a pessoa ao mesmo tempo terceira e intermediária. Assim, no batismo de Jesus, onde se manifesta a relação entre Deus e Jesus. O Espírito Santo é a terceira Pessoa do conjunto, mas ele adeja entre o Pai e Jesus, seu Filho. A arte se valeu dessa imagem para representar a Trindade. Ela a retoma sob uma forma mais explicitamente pascal, onde o Pai carrega sobre seus joelhos o corpo imolado de Cristo e onde o Espírito plana entre o olhar do Pai e do Filho.

Os cristãos inventaram um símbolo rico e simples: o sinal da cruz traçado sobre si, síntese do mistério da Trindade e do mistério da redenção. A mão se desloca do pai para o filho sobre uma linha vertical, significando que o mistério trinitário, como o da redenção, possui dois pólos. Em seguida, a mão cruza essa linha, significando que tudo, na Trindade e na redenção, encontra seu complemento no Espírito Santo. Nomeado em terceiro lugar, o Espírito está no coração do mistério pascal e da Trindade: ele é a terceira Pessoa em tudo presente e agindo em tudo. O louvor litúrgico glorifica "o Pai e o Filho no Espírito Santo".

Ele brota do Pai e do filho

Se o Espírito é princípio de geração, poder-se-ia pensar que o Filho nada tenha a ver com a processão do Espírito. Contudo, a Escritura fala em Espírito do Filho (Gl 4,6); ela atesta que ele também é agente no mistério do Filho, inseparável dele. Sendo ação, resplandecência, como não resplandeceria também no Filho, de cujo mistério ele participa? Ele é o Espírito de Jesus assim como que o sopro de Jesus é o sopro dele: "Jesus soprou sobre eles e lhes disse: 'Recebei o Espírito Santo!'" (Jo 20,22). Ele, que é uma Pessoa divina, não pode ser Espírito Santo de Jesus, a menos que esse homem seja assumido no Filho eterno e que o Espírito não resplandeça nesse Filho eterno. Em sua glorificação, Jesus é assumido na plenitude de seu mistério filial, no hoje eterno da geração pelo Pai, de modo que se pode afirmar do Cristo da glória aquilo que se afirma do Verbo manifestado nele, e do Verbo aquilo que se diz do Cristo da glória.

O mistério pascal nos ensina, de uma só vez, que Cristo participa do esplendor do Espírito, e que sua função não é a mesma função exercida pelo Pai. A ressurreição no poder do Espírito é obra do Pai; mas Jesus também dispõe desse poder: "porque dou minha vida para retomá-la... tenho o poder de entregá-la, o poder de retomá-la" (Jo 10.16s.). A ressurreição no poder do Espírito é, pois, também ela, sua obra: "Destruí este templo e em três dias eu o levantarei" (Jo 12,19s.). Ele participou de sua ressurreição e, portanto, no resplendor do Espírito que nele brilhou. Sua participação foi consentir, na morte, na ação do Pai. Ele se abriu ao pai que o gera. Que o ressuscita pelo poder do Espírito: sua parte foi a receptividade filial diante do Pai.

A noção de causalidade receptiva, se bem que pouco usada em teologia, é de importância capital. É impossível concretizar uma doação a quem não quer recebê-la. Um homem não pode se casar com uma mulher, sem seu consentimento. O que aceita o dom permite a concretização do ato de doar; a mulher que se deixa esposar permite a esse homem que se torne seu marido. Foi oferecida a Jesus a possibilidade de consentir sua geração eterna. Em linguagem bíblica, em lugar de consentir, diz-se que Jesus obedeceu: "Foi obediente até a morte. Por isso Deus o sobre-exaltou grandemente" (Fl 2,8s.). O Pai glorifica, mas como uma resposta à obediência: "Aprendeu, contudo, a obediência pelo sofrimento; e, levado à perfeição, se tornou para todos os que lhe obedecem princípio de salvação eterna" (Hb 5,8). Jesus pode atribuir-se sua glorificação pelo Pai, como também pôde dizer: "Por eles a mim mesmo me consagro" (Jo 17,19), no momento da consagração que o Pai patenteou (Jo 10,36). Ele exerce uma causalidade real, a glorificação no Espírito Santo não teria sido possível, se ele não tivesse consentido. Jesus participa filialmente, na receptividade, dos lampejos do Espírito Santo em sua pessoa.

Posto que lhe foi concedido elevar-se da condição de Filho encarnado ao mistério eterno, pode-se pensar que o Filho, no seio do mistério, exerce uma função semelhante, quando brilha nele o espírito do Pai: a função da receptividade. É o Pai que gera, ele é a fonte do Espírito; por seu Espírito ele concede ao Filho ser filial, aceitar a paternidade do Pai. Mas sem o filho, ele não seria o Pai; sem o Filho que, em sua liberdade consente, o Pai não geraria, o poder do espírito não brilharia. Tudo se completa de modo trinitário, na ação de cada um dos Três, de acordo com o que ele seja, ou o Pai, ou o Filho ou o Espírito Santo.

O Espírito Santo é o ato de amar. Nele, o Pai gera no amor; o Filho, amando, se deixa gerar. Em cada um dos dois é o amor, seu Espírito Santo que brota em cada um, ainda que de maneira diversa, o Filho sendo aquele que recebe tudo. Mas, porque recebe tudo, o Filho participa da processão do Espírito Santo no próprio Pai, pois, ao amar, ele provoca o Pai para o amor. Vejamos o seguinte texto: "Por isto o Pai me ama, porque dou minha vida" (Jo 10,17). Nessas duas Pessoas, que se amam mutuamente, a recíproca do amor é uma provocação mútua para que se amem. Amando, o Filho participa assim, no Pai, do fulgor do Espírito de amor. Mas o Pai é a fonte, porque ele é o Pai no qual está o começo de tudo.

Dessa maneira, o Filho não é inferior ao Pai, mesmo tudo recebendo dele. Ao receber, ele se torna a causa de o Pai ser o que doa. Ele é co-eterno e de igual e imensa majestade. O Espírito não é inferior; terceira Pessoa, ele não é o último. Tudo o que o Pai e o Filho são, eles o são nele. O Espírito Santo é uma Pessoa nos dois, ao mesmo tempo começo e fim, por isso, não somente o Pai e o filho são um, mas o fluxo-refluxo que age entre ambos é eterno, e se produz sempre com sua suprema intensidade.

Tudo isso está dito na pobreza de nossa linguagem humana. Tudo poderia ser dito de outra maneira e melhor. Mas à luz do mistério pascal, uma certeza se impõe: o Espírito está presente na relação do Pai e do Filho, em um, em sua paternidade, no outro, em sua receptividade filial. Essa conclusão é de uma importância capital.

Ao terminar este percurso, o leitor teria direito a uma síntese da teologia do mistério pascal. Mas esse mistério extravasa em todas as direções; é o mistério do Deus-Trindade no coração da criação. Como resumir em poucas linhas o que tantas páginas não puderam conter? Contudo, é proveitoso sublinhar, uma última vez, alguns de seus aspectos.

Na teologia da redenção, o ponto de partida da reflexão não é o pecado a ser reparado, não é a morte, cujo papel seria o de satisfazer a divina justiça ofendida. A fé cristã nasce do reencontro com o Ressuscitado, a reflexão teológica, também, assume seu início no Ressuscitado. Ele que é o alfa e é também o ômega. A ressurreição é a obra do Pai, desse Pai que está na origem de tudo. A teologia não pode entender a morte de Jesus a não ser à luz da ressurreição.

O Pai age por meio de seu Espírito Santo, sua ação é um amor infinito. Amando, ele gera eternamente o Filho, ele, amando, gera no mundo o Filho e os homens criados nele. Sendo ilimitado, esse amor é de gratuidade absoluta, é seu próprio critério, não depende de nenhuma condição, já estando cumprindo seu desígnio anterior de reparar os pecados. Quem realiza essa reparação é o Pai, em seu Filho que ele gera e conduz, através da morte, à plenitude filial, em favor dos homens.

Não se pode criticar essa teologia por não levar na devida consideração a devida expiação dos pecados. É Deus que, em sua santidade de amor "expia" o pecado, no sentido bíblico desse termo. Ele o faz por meio do Cordeiro que, solidário, por sua própria santidade, "expia", por sua morte glorificante, o pecado da humanidade pecadora. É enorme o pecado da humanidade, mas mais vasta é a santidade do mistério pascal que está no coração do mundo e o envolve em santidade, atraindo-o para si.

A redenção é um duplo mistério: da morte e da ressurreição, realizado num movimento ascensional para o Pai, uma subida na descida em direção da extrema fraqueza da humanidade. Como os anjos na escada de Jacó, o pensamento teológico deve subir e descer. Não existe chance para se distinguir, opondo-as, uma "teologia da subida" e outra "teologia da descida" tudo se torna um no Espírito Santo. A morte e a ressurreição encontram, cada uma, seu sentido na relação com a outra. Pelo contrário infinito que é ressurreição, pelo contrário infinito que é a morte, morte e ressurreição oferecem à meditação teológica horizontes iluminados.

Jesus morto e ressuscitado é a última epifania de Deus. A face do Deus se desvela, é a face de um Deus-Pai, cujo ser é uma paternidade inesgotável, cuja onipotência é a possibilidade de uma infinita doação de si. O Espírito Santo manifesta-se como ação desse Deus-Pai, ação de um poder de amor sem limites, no qual o Pai gera, o Filho se deixa gerar. Ele é o Espírito do Pai em sua paternidade, do Filho em sua filialidade. Para compreender o mistério da Trindade, antes de tudo é à páscoa de Jesus que os teólogos devem fazer suas perguntas.

Existem teologias para as quais a ressurreição é algo segundo, até mesmo secundário, ou a ser deixado em silêncio, e o ponto central do pensamento é o pecado a ser reparado. A glória do Pai, que refulge na face de Cristo, convida-os a uma revolução copernicana. O sol é o primeiro, ele que faz a terra girar a redor dele mesmo e a faz nascer, na manhã de Páscoa, para a luz que expulsa as trevas. É preciso torcer para que essas teorias, principalmente as de tipo jurídico, que tanto influenciaram o segundo milênio cristão, e contribuíram para uma eclesiologia do mesmo tipo, deve-se até esperar que elas não atravessem o limiar do terceiro milênio.

Eu dizia: o mistério extravasa para todas as direções. É impossível fazer uma síntese sua, em poucas linhas. E contudo... uma palavra existe, capaz, por si só, de atar todo o feixe: "Aquele que as imensidões não podem conter, deixa-se conter por aquilo que há de menor. É esse o sinal da divindade".[40] A palavra que indica o incomensurável, segundo João, foi proclamada: "Deus é amor" (1Jo 4,16). O infinito só pode ser o amor, é uma onipotência imolada. Tanto para o conhecimento como para a santidade da vida, "a caridade é o vínculo da perfeição" (Cl 3,14). Eis o nome da síntese.

É assim que se chega ao conhecimento de que há uma ciência mais alta do que a teológica: "passo a indicar-vos um caminho que ultrapassa a todos" (1Cor 12,31). A ciência do amor, que se adquire pela comunhão. A teologia é uma aproximação, o Espírito de amor "introduz na verdade plena" (Jo 16,13).

Jesus é a morada de Deus entre os homens, ele é o mistério encarnado. Para se conhecê-lo, é preciso habitar dentro dessa casa. Aquele que é a casa é também sua porta. Jesus disse: "Eu sou a porta" (Jo 10,9). O Espírito Santo é a chave. No momento da páscoa de Jesus, a chave do amor foi girada. A porta se abriu, escancarada, um convite para o conhecimento no amor.

---

[40] De acordo com o célebre axioma: *Non coerceri maximo, contineri autem minimo, divinum est.*

ÍNDICE

Prefácio 7

I. O fim que é o começo de tudo 11

II. Senhor-Messias, Filho de Deus 21
    O messias-Senhor 21
    O Filho 25
    Filho de Deus no Espírito Santo 29

III. A geração do Filho na história 33
    A morte, mistério filial 41
    O nascimento eterno na morte 45
    Nota sobre o terceiro dia 47

IV. Jesus, o Redentor 51
    A teologia jurídica 51
    Jesus salvação e salvador 54
    O Santo solidário com os pecadores 58
    A expiação do pecado 63
    A redenção como oração 67
    Deixar para trás as teologias jurídicas e suas derivações 71

V. Páscoa e Parusia 77
   O Senhor do Dia 78
   O Senhor que vem 79
   Ele batiza no Espírito Santo 83

VI. O nascimento da Igreja 87
   A Igreja, corpo de Cristo em sua vinda 87
   Na morte e na ressurreição 90
   Uma assembleia convocada no Espírito 92
   Do Antigo ao Novo Testamento 96

VII. A Páscoa de Jesus nos fiéis 103
   Uma vida de fé 103
   Na caridade e na esperança 108
   A ética cristã 111
   A comunhão dos santos 114
   Nota para uma eclesiologia de comunhão 117

VIII. A serviço da Parusia 125
   Igreja enviada ao mundo 125
   Participando na redenção 126
   Testemunhas de Jesus Ressuscitado 129
   Dois sacramentos da parusia 132
   O sacramento da palavra 133
   A eucaristia 137

IX. Mistério pascal e criação 151
   "Tudo foi criado nele" 151
   "Tudo foi criado para ele" 155
   Criação e redenção, uma obra única 157

X. A criação até o final 163
    O homem em sua morte 163
    Um julgamento para a purificação 166
    A ressurreição final 169
    O juízo final 175
    A vida que virá 177

XI. O Espírito Santo ao espelho do mistério pascal 181
    O Espírito Santo, ação de Deus 181
    O Espírito Santo, intimidade de Deus 184
    O Espírito de Jesus, Filho de Deus 190
    O Espírito, como ele é na Trindade 191
    Ele brota do Pai e do filho 198